Nuestra cocina | **Canarias**

# Canarias

**Con los platos de:**
Kiko Casals • Carlos Gamonal Jr.
José González • Jesús Pelegrín

Nuestra cocina

NUESTRA COCINA - **Canarias**

*Idea original*
Jaume Fàbregas

*Dirección editorial*
Juan Manuel Bellver

*Coordinación de la colección*
Mamen Lorenzo

*Textos*
Miguel Sen

*Asesoramiento gastronómico*
Xavier Agulló
Jorge Osés Labadie
Carlos Pérez Gómez

*Maridaje vinos/platos* (∗)
Juancho Asenjo
Luis García de la Navarra

*Realización*
Esther Buira
Anna Cobos
Lola Hernández
R. de Nola
Meritxell Piqué
Raquel Puente
Carlos Raventós
Anna Tutosaus
Montse Urbano

*Fotografía*
Joan Jolis, S.L.

*Edita*
Ciro Ediciones, S.A.

*Maquetación*
New Color Book, S.L.

*Diseño de cubierta*
WEP Milano

*Preimpresión*
Digitalscreen

*Impresión*
Cayfosa Quebecor

*Agradecimiento*
www.goormet.com por la selección
y búsqueda de restaurantes

ISBN 84-96418-00-6 (obra completa)
ISBN 84-96418-17-0 (volumen XI - Canarias)
Depósito legal: M-50351-2004

© de las recetas tradicionales: Ideas Concretas, S.L.
© de las recetas de autor: Ideas Concretas, S.L.
© de las fotografías introducción: Cover, Stock Photos
(∗) La elección y comentario de los vinos que acompañan a las recetas
son obra de Juancho Asenjo y Luis García de la Navarra

# Sumario

**Para abrir boca** ............................ 6

**Nuestra cocina: Canarias** ............ 8
Entrantes y primeros ......................... 22
Segundos ............................................ 58
Postres y dulces ................................ 104

**Cocina de autor** ........................... 128
Kiko Casals ......................................... 130
Carlos Gamonal Jr. ............................ 141
José González .................................... 152
Jesús Pelegrín .................................... 162

**La despensa** ................................. 172

**Los vinos** ....................................... 176

**Restaurantes** ................................ 180

**Glosario** ........................................ 185

**Índice de recetas** ......................... 189

Para abrir boca
## Autóctono y brillante

Cualquier viajero o lector ilustrado, y, por supuesto, una inmensa mayoría de habitantes de las Islas Afortunadas sabe que en su tierra existe una cocina compleja, fruto de tantas influencias como vientos distintos han empujado a los navegantes oceánicos. Al margen de una cocina turística de interés variable, en dependencia de las aptitudes del *chef,* como pasa en todas las costas, insulares o no, sometidas al turismo de masas, Canarias tiene en sus fogones unas marcadas señas de identidad. Tal como dice José Manuel Bermúdez Esparza, "hay una cocina canaria como hay una música canaria o una literatura canaria que se nutre de muy variadas procedencias e influencias universales".

Resulta así un cuerpo de doctrina gastronómico, es decir, un recetario, en el que se conservan conceptos y palabras enraizados en la cultura guanche, la que ha hecho del gofio un alimento que cumple la misma función que el *cous-cous* en el Magreb, capaz también de ajustarse a criterios de modernidad.

Puente de unión entre la manera de comer peninsular, especialmente andaluza, e hispano-americana, argentina, venezolana y cubana, la cocina canaria tiene platos que nos obligan a todos, y por supuesto, a aquellos que aún creen que Canarias es un recuadro a la izquierda de un mapa que se puede pintar con el color de dos mojos, a un nuevo y fascinante viaje hacia unas tierras en las que se ha conseguido, con el puchero canario, unir gustativamente la Europa del *pot-au-feu* y el cocido con la América del maíz y del cocido criollo. Si el mestizaje es un valor culinario en alza, la cocina canaria pasa a ser su paradigma, porque en ella no se ha producido la tan temida suma de influencias, sin más norte que la modernidad, sino que su aromática y sabrosa realidad responde a siglos de experimentación, por lo que es muestra de las auténticas bases de cómo debe integrarse todo aquello que es de aquí y de allá, y que es, en definitiva, nuestro.

Miguel Sen

# Nuestra cocina: Canarias

Por Miguel Sen

Un archipiélago situado en un punto estratégico de las comunicaciones entre dos continentes ha de ser, obligatoriamente, sustrato de un recetario suma de todas las culturas que han buscado refugio en sus aguas. Sobre el origen de las culturas isleñas, y de su interpretación por aquellos viajeros que comenzaron a intuir que más allá del Estrecho de Gibraltar podía existir un paraíso, se conocen tantas referencias que es difícil establecer un resumen claro y coherente de todas ellas.

Los investigadores franceses del siglo XVII, sobre todo aquellos que tuvieron acceso a los manuscritos árabes que controlaba la reina sabia de Suecia, doña Cristina, creían que los fenicios o. por qué no, pueblos más antiguos, conocían la existencia de las islas de más allá de las columnas de Hércules donde vivían pueblos felices, voluptuosos y alegres, dignos de la expresión "Elysius". Sobre la posibilidad de encontrar la felicidad en estas tierras que ahora llamamos Canarias tuvo mucho que decir Homero o, más exactamente, aquellos que leyendo al poeta griego entendieron que existía un espacio de libertad en el Atlántico. Los árabes, grandes navegantes y conocedores del cielo, sabían de las Canarias mucho antes de que todos los niños de España recitaran una letanía que tenía un punto de ensueño, de deseo de buen clima en días de frío y sabañones: Gran Canaria, Tenerife, Lanzarote, Fuerteventura, Gomera, Hierro y La Palma. Aquellos que gozaban de vena poética repetían también los nombres sugerentes de los islotes que nos hacen a todos aventureros, navegantes de Hispaniolas en busca de tesoros que nunca podrán ser: Graciosa, Alegranza, Montaña Clara, Roca del Este, Roca del Oeste e Isla de los Locos. Muy pocos sabían –o sabíamos– de las relaciones entre los navegantes y los primitivos pobladores de las islas, los guanches, que tuvieron que convivir, no siempre con alegría, con andaluces, mallorquines, portugueses, castellanos y franceses, pues no olvidemos que el señor de La Salle y Bethencourt navegaron en busca de los vientos propicios para alcanzar América y, por supuesto, en busca del agua, los cereales y la carne que podían encontrar en las islas.

No obstante, la importancia que en la historia ha tenido el navegante Cristóbal Colón ha hecho que muchos estudiosos del mundo gastronómico busquen en sus diarios algún comentario sobre lo que contenía su mesa, cuando visitó Canarias para abastecerse. Leyendo entre las líneas del diario de Colón, o más exactamente de la versión que de él dio fray Bartolomé de las Casas, son muchos los que han investigado a dónde le llevó el olfatear tanta canela, pimienta, clavo, nuez moscada y jengibre que el Islam no dejaba llegar a Europa. Mientras los portugueses navegaban por el océano Índico, las naves de Castilla buscan agua y grano en la Gomera, antes de desembarcar, por primera vez,

en la isla de Guanahaní. El problema que mantienen todos los humanos con la cocina se reprodujo, fielmente, con la actividad de las naves de los descubridores. En principio un alimento es bueno si lo comen las gentes pudientes y tiene un notable valor en el mercado. Una sardina será siempre una sardina mientras no aparezca en la mesa de un dignatario eclesiástico, un galán de Hollywood o un elaborador de ficciones, trasmutado en padre de la economía. El alimento básico de los canarios, el gofio, ha tenido, hasta nuestros días, el marchamo de plato de pobres, y esto, en un mundo de diseño, es un grave pecado. No obstante, esta mezcla de cereales de nombre sonoro es, en esencia, la base de los desayunos tipo *muesli* y *cornflakes*, con la que los estadounidenses dominan y aburren a una población que, hasta el presente, tenía claras ideas de cómo se debe incorporar al trabajo matutino un ser humano. Con la cebada *(aramotanoque),* el trigo *(yrichen)* y las habas *(hacichey)* se elabora una harina, de nombre gofio, que puede prepararse de muy distintas maneras: en forma de sopa o de escaldón. Nutritivo, fácil de preparar y aún más de conservar (de aquí que muchos investigadores estén convencidos de que era un suministro básico en las despensas de las naves del Almirante), el gofio marchó con los inmigrantes pobres a Venezuela y a las islas del Caribe, pudiéndose encontrar ahora una sopa de gofio escaldado en Cuba, que es una fiel receta de las que cocinaban los pescadores canarios. Para ello preparaban el caldo del pescado y el sofrito, que añadían a la olla, escaldando el gofio con el caldo caliente. Claro está que los sofritos variaron con el tiempo y la distancia, pues de América llegaban nuevos ingredientes, fáciles de adaptar, mientras que la cocina se enriquecía con picantes y salsas verdes de color cilantro.

La afición por la carne roja marcaba, y marca, otro de los ejes gastronómicos que orientan la cocina canaria. La cantidad de cabras que en el siglo XVII pastaban en Fuerteventura se afirma que era del orden

de las 60.000. Son muchas cabras, por lo que la posibilidad de acabar un banquete con un cabritillo y 20 conejos, según normas de hospitalidad canaria, parece más propia de un festín pantagruélico que de una comida que ahora llamaríamos estándar.

Lo que sí es seguro es que el clima de las islas y la falta de depredadores, al margen de los hombres, tal como menciona *monsieur* Duret, cronista de lo que se comía en estas islas, permitía que los rebaños crecieran, lo que implica una buena proporción de leche con la que dar vida a los cereales que configuran el gofio. Gofio y frangollo, es decir, el gofio de maíz o millo, endulzado con miel o azúcar, dan consistencia dulce a una cocina que tiene en la península platos próximos, como las "farrapes" asturianas. Paralelamente, con el cerdo, el hermoso animal generador del jamón canario, una de las mejores maneras de preparar una pata entera, en lenta cocción, se establece un ritual próximo al de la península, en el que la matanza vuelve a constituir una fiesta, quizás más fiesta en Canarias, porque el clima, suave, no asegura la conservación de las carnes, por lo que los vecinos pueden disfrutar con los "livianos" del animal, que tiene en el hígado un bocado exquisito con el que se puede hacer un mojo cochino.

Mencionar la palabra mojo obliga a una seria reflexión, porque los mojos dan vida a las *papas arrugás,* y éstas son una quintaesencia de la cocina canaria, entendida como sabor puro. Aquellos que viven en otros cuadrantes geográficos difícilmente podrán repetir los sabores que encierra una *papa arrugá* cuando el comensal tiene ante sí la posibilidad de darle vida con un mojo verde de cilantro, como se hace en Tenerife. Dicen los sabios que es bueno refugiarse en el refrán: "bueno es cilantro, pero no tanto". Aun así, el punto aromático, el sabor del mojo verde, tiene un tanto de benéfica droga del que es difícil librarse, más aún cuando se entiende Canarias como una puerta de liberación del aburrido toque dulzón que tienen, ahora, muchas cocinas de la modernidad. Con este mojo se puede acompañar el pescado y, entre éste, las viejas, que merecerán un próximo punto y aparte, porque después del mojo verde hay que pasar hasta el rojo, picante y potente,

homogéneo a la vista, pero diferenciado en el paladar. Otros mojos, como el de azafrán, el picón, rico en guindillas o pimientas quemonas, o aquel que tiene la más feroz de ellas, la llamada "de la puta la madre" o "puta parió", en voz argentina, que da fe de su potencia, establecen un mundo de sabores con el que podemos puntualizar platos magníficos, como aquellos en que la cabra o el cabrito aparecen guisados según la formulación clásica isleña. El atún, la bestia musculosa que nada en el Atlántico, paseándose desde las islas Canarias hasta Cádiz, para llegar luego a Baleares, Cerdeña y Sicilia, ha sido una de las referencias gastronómicas de estas islas, en las que se pescan muchos de los que luego van a parar a Japón, atunes rojos que valen su precio en oro. En los diarios del Almirante tengo entendido que consta la presencia de este pescado en su dieta, porque si crudo, en corta cocción, es bueno, seco, en mojama, también es excelente. Pero si del atún ya sabemos sus recetas, sobre la vieja existe una niebla feroz que hace que aquellos que no son canarios la confundan con otros peces, fantásticos o absolutamente domésticos, como la dorada. La vieja es un escárido, con un cuerpo del que podríamos afirmar que es policromo.

Sus dientes incisivos, soldados de una extraña manera, le dan a su boca un curioso aspecto de pico, por lo que los pescadores anglosajones, observadores también de sus aletas amarillo-anaranjadas, lo definieron como pez papagayo, "parrot-fish". Sobre este ser se han trenzado infinidad de leyendas propiciadas por Arquestrato, que llegó a afirmar que su lujuria provocaba lujuria y su gula, gula. Por fortuna también dijo de él que era capaz de inferir en los humanos otras virtudes: el compañerismo y la solidaridad. Desde un punto de vista culinario y, por lo tanto, concreto y serio, hay que reconocer que la vieja, cuando tiene un peso notable, es suave y sabrosa, frágil y delicada. Su pesca también es curiosa, porque los pescadores de aquellos parajes protegidos por ser templos de la naturaleza, han vuelto a pescarlas según la fórmula más tradicional. Consiste en preparar cebos a base de cangrejo, y embarcarse, a dúo, en una pequeña barca de remos. Mientras uno de los marineros rema y estudia el fondo, otro, con un sencillo visor consistente en un cajón de madera cerrado por un cristal, busca las piedras donde se esconde la malhumorada vieja. Cuando la encuentra, utiliza un sedal y una caña sin rodete, de tal manera que baja el cebo prendido en el anzuelo hasta las fauces del pescado, y con un solo golpe, lo captura.

Se respeta así la población de viejas y se olvidan las cestas de mimbre que en otro tiempo diezmaban todo tipo de pescados. Aquel que pueda probarla, observará que todas las recetas que ha leído sobre la vieja y que le dan forma, gusto y cocción de dorada, son falsas.

Otros platos de la cocina canaria muestran influencias peninsulares, aunque la resolución sea siempre isleña. El salmorejo parece probable que haya llegado a Tenerife a partir de recetas andaluzas, como salsa con la que se preparaba carne de corral, principalmente conejo.

Pero el gran plato en el que la cocina canaria es puente entre la península y América es la olla, el puchero. Responde este cocido a una suma de todos los pucheros peninsulares. Es evidente que aquellos "godos" que ocuparon cargos preeminentes en las islas trasladaron su afición por la olla podrida, la suma riquísima de todo tipo de carnes y verduras, a los que había que añadir codornices, pichones y perdices, tal como lo dice Cervantes en su *Quijote*. Es un plato que tiene una entidad perfecta en climas fríos, pero que no deja de ser curioso que se haya adaptado tan profundamente en tierras de América y de las Canarias, en las que el clima es mucho más suave. Es el de las islas un puchero de importancia, con variantes que lo afianzan en Gran Canaria, a base de darle vida con garbanzos y ternera, con costillas, chorizos, pollos y fideos, a los que se añaden

las verduras que constituyen el hecho diferencial, la referencia canaria estricta, en forma de batatas amarillas y, lo que es definitivo, el maíz, la piña, el choclo, que también encontraremos en otros pucheros de América y que aparecen con una riqueza notable en esta olla. Si la fiesta es de guardar, el puchero llega a las siete carnes, añadiendo a las mencionadas conejo, pichones, perdices, liebre, pavo y gallina. Es evidente que la fiesta, la magnificencia y la solemnidad de la comida, unen todas las ollas, sean isleñas, peninsulares o, por qué no, francesas e italianas, aunque unas y otras tengan un buen trozo de carne de buey o una lengua escarlata como elementos diferenciadores.

No es plato que aconseje al comensal solitario, porque una explosión de riqueza de este orden es algo que siempre se debe compartir. Se necesita una olla inmensa, dicen que ha de ser de 10 a 35 litros, y apetito suficiente para tomar el caldo con las verduras y fideos, un entrante que nos lleva hacia una fuente gloriosa en la que se encuentran todas las carnes, amuralladas por los garbanzos, la piña, las zanahorias, los calabacines, las *papas*, las batatas... Evidentemente, como sucede siempre que se idea una gran olla, existe otra menor, rica en productos de la huerta, eso sí, con presencia obligada de las piñas de millo o maíz, que debe entenderse como un potaje de verduras, que bien pudiera estar inspirado en potes gallegos o asturianos, de poca carne y mucha huerta. Tanto uno como otro tienen el hecho diferenciador de ser resumen de infinitos viajes, los que llevaron la calabaza y las batatas, que en la península se llaman boniatos, el chaiote, y las ya mencionadas piñas de millo, que se hermanan con garbanzos peninsulares, o más estrictamente, cartagineses. Son una suma de sabores a los que el chorizo y las carnes de cerdo dan un sabroso y colorido barniz.

A diferencia de la península, en la que normalmente no se aliñan las verduras, este gran puchero canario se acompaña con aceite y vinagre.

Todos los pueblos que han sabido crear una olla con carnes saben también cocinar una cazuela más ligera, en la que el pescado sustituye a las proteínas rojas. En Canarias, las cazuelas, con sus *papas* y cebollas, son sustrato en los que se guisa el pescado, uno cuando el plato es monográfico, o varios, si pretendemos ofrecer distintas texturas. Como queda referenciado en las primeras líneas, si disponemos de gofio y lo escaldamos con caldo de pescado, estaremos en disposición de adentrarnos en una de las recetas clásicas de los pescadores.

El hecho de que en las Canarias se adaptaran distintos cultivos, como el plátano, ha contribuido a dar variedad a la dieta. El plátano canario, muy dulce, de menor tamaño que otras bananas sudamericanas, ha sido una referencia básica en la cocina de las islas y en la peninsular. No debe entenderse únicamente como una fruta, sino más bien como un producto con cualidades organolépticas ideales para intervenir como postre en la cocina. Buñuelos y empanadillas de plátano debieran ser una referencia casi diaria en todas las mesas, dado que, además de su aporte energético, son del gusto de los más pequeños.

Tal como sucede en las ciudades castellanas, en Canarias es fácil encontrar conventos, y donde estos existen, seguro que descubriremos una importante tradición repostera. Como en las islas disponen de buena leche, es fácil perderse entre la textura de flanes y leche asada, aunque sea el "bienmesabe", el dulce más evocador de las islas. De acuerdo que existen fórmulas semejantes en otros lugares, e incluso en otras islas, como las Baleares, pero el vino dulce de malvasía canaria, aquél en el que se quería, hipotéticamente, ahogar el señor Shakespeare, es imprescindible en esta receta, e impone su carácter, porque un vino es, en esencia, un sacramento. Como contrapunto a este mundo dulce, será obligado contrastar el sabor potente, salado, de los quesos de cabra, de los buenos quesos de Lanzarote o "majoreros" de Fuerteventura, mezcla de cabra y oveja, con un punto de picante que le da el pimentón con el que se ha protegido su corteza. Claro está que los quesos frescos, hechos con mezcla de leches de cabra y oveja, no tienen la potencia de los anteriores, siendo, como son, excelentes por su sabor y cremosidad. Pero si un buen *gourmet* ha de tener, entre otras virtudes, el estar dispuesto a probar en su paladar un sinfín de lides, que van más allá de un puchero de siete carnes, la referencia del toque picante de los quesos curados canarios ha de servirle de acicate, y la cremosidad de los otros, de reposo.

**Una tierra de grandes maestros**

Para degustar los sabores de esta tierra de la mano de un artista, en el estricto sentido de la palabra, recomiendo encarecidamente dejarse seducir por las manos de Kiko Casals en el restaurante Anthuriun. Otro templo de la cocina canaria es el Mesón el Drago, donde Carlos Gamonal, padre e hijo, formaron una trinidad con la cocina canaria, donde la creatividad y el respeto por la materia prima es el vértice de un triángulo equilátero sin par. Quien también ha sabido exportar los mejores sabores de esta tierra y modernizarlos es José González, jefe de cocina y propietario del restaurante El Cucharón, como también lo ha hecho Jesús Pelegrín, del restaurante Mamma Tina, un local muy familiar donde cada plato es una creación.

Cocina tradicional

# Entrantes y primeros

**Dificultad:** baja
**Preparación:** 15 minutos
**Cocción:** 20 minutos

# Calabacines rellenos

### Ingredientes para 4 personas

*8 buvangos (calabacines pequeños)*
*3 tomates maduros*
*2 cebollas*
*1 rebanada de pan*
*1 tacita de aceite de oliva*
*100 g de queso rallado*
*1 huevo duro*
*2 cucharadas de vino blanco seco*
*2 huevos*
*Sal*
*Pimienta*
*Aceite de girasol*

### El vino

Acompañar de un vino blanco sin crianza en barrica con D.O. Valle de la Orotava, de la variedad listán blanco, o de un vino blanco joven con D.O. Ribeiro, de las variedades treixadura y loureiro.

Se pelan los calabacines y se hierven con agua y sal durante 5 minutos. Se dejan enfriar y se secan. Se parten por la mitad a lo largo, se vacían por el centro y se reservan.

Se cortan las cebollas y los tomates sin piel en cuadrados pequeños. En una sartén con aceite se sofríen hasta que tomen color. Se añade la pulpa de los calabacines, que se habrán vaciado, y se incorporan la miga de pan, el queso rallado, el huevo duro picado y un par de cucharadas de vino. Se saltea todo durante unos 5 minutos y se salpimenta.

Se rellenan los calabacines o buvangos con esta mezcla, se rebozan con huevo batido y se fríen con abundante aceite de girasol.

---

Al freír la verdura con aceite de girasol o de maíz se respeta más su sabor. Si sobra relleno se pueden preparar con él unas bolitas para guarnición: se forman las bolitas, se rebozan con harina y se fríen.

**Dificultad:** baja
**Preparación:** 15 minutos
**Cocción:** 1 hora 45 minutos

# Caldo guanche

**Ingredientes para 4 personas**
2 cebollas
3 tomates
4 patatas
2 cucharadas de manteca de cerdo
2 calabacines
1,5 l de agua
Sal

**El vino**
Acompañar de un vino blanco sin crianza en barrica con D.O. El Hierro, de la variedad vijariego, o de un vino blanco joven con D.O. La Mancha, de la variedad airén.

Se pelan las patatas y los calabacines, se cortan en trozos y se salan. Se prepara una olla con agua y, cuando rompa el hervor, se añaden los calabacines y las patatas. Se sazona y se deja hervir durante hora y media con la olla tapada.

Se pelan las cebollas, se cortan en cuadraditos y, en una sartén con la manteca de cerdo fundida, se empiezan a dorar. Se añaden los tomates cortados y sin piel ni semillas, y se sofríe todo hasta que esté cocido. Se incorpora el sofrito a la olla. Se corrige de sal y se tritura con la batidora hasta obtener una mezcla homogénea.

> Es preferible que los calabacines sean medianos, pues resultan más tiernos.

**Dificultad:** media
**Preparación:** 30 minutos
**Cocción:** 2 horas

# Puchero canario

### Ingredientes para 4 personas
*150 g de brazuelos de cordero*
*200 g de pecho de vaca*
*150 g de tocino*
*150 g de morcillas*
*1 hueso de jamón*
*200 g de calabaza*
*2 zanahorias*
*200 g de patatas*
*100 g de boniatos*
*150 g de garbanzos*
*2 mazorcas de maíz*
*100 g de judías blancas secas*
*1 cebolla*
*2 ramitas de perejil*
*Sal*

### El vino
Sírvase con un vino tinto con crianza en barrica de D.O. Lanzarote, elaborado con las variedades tinta conejera y listán negro, o con un vino tinto crianza, de corte tradicional, de la D.O.Ca. Rioja de las variedades tempranillo y graciano.

Se dejan en remojo los garbanzos 12 horas antes de preparar el puchero. En una olla, se ponen todas las carnes (el cordero, la vaca, el tocino y las morcillas) junto con el hueso de jamón y los garbanzos. Se cubren con agua, se les da el primer hervor a fuego fuerte y se continúa la cocción a fuego suave con la cazuela tapada durante unos 40 minutos. Se va desespumando según aparezcan las impurezas.

Entonces, se incorporan las judías blancas, la cebolla y el perejil. Mientras se deja cocer todo a fuego bajo, se pelan las patatas y los boniatos, que se cortan en trozos grandes, y se pela la zanahoria y se corta en cuatro trozos. Se incorpora todo a la olla y se deja cocer una hora más.

Se agregan entonces al puchero las mazorcas de maíz y la calabaza. Se sazona y se sigue la cocción hasta que estén al punto.

Antes de servir, se retiran los huesos de las carnes y el hueso del jamón. Se vuelven a poner las carnes en el caldo, se corrige de sal y se sirve.

> Si sobra caldo, se puede conservar para preparar otros platos, como la "gallina a la cairatraca".

**Dificultad:** baja
**Preparación:** 15 minutos
**Cocción:** 25 minutos

# Sopa de gofio

**Ingredientes para 4 personas**
*6 cucharadas de gofio (mezcla de cereales)*
*1 cebolla*
*1 tacita de aceite de oliva*
*Agua*
*Sal*

### El vino

Sírvase con un vino blanco sin crianza en barrica de D.O. Lanzarote, de la variedad malvasía, o con un vino blanco joven de D.O. Condado de Huelva, de la variedad zalema.

En una sartén con un poco de aceite de oliva, se rehoga hasta que esté transparente la cebolla cortada bien fina. Se añade el gofio y se remueve con las varillas hasta obtener una pasta tostada, con una mezcla que sea lo más uniforme posible.

Se calienta agua y se añade muy lentamente hasta que la bola de gofio se convierta en un puré ligero. Cuando tenga esta textura, se sala y se deja hervir a fuego lento para que espese un poco.

> Se tiene que añadir el agua tibia. Si está fría no se conseguirá la textura de puré ligero. También se le puede agregar un poco de crema de leche.

**Dificultad:** media
**Preparación:** 15 minutos
**Cocción:** 20 minutos

# Escaldón de gofio

### Ingredientes para 4 personas
*200 g de gofio*
*2 dientes de ajo*
*1/2 guindilla*
*1 l de caldo de pescado*
*Sal*
*Pimienta*
*1 tacita de aceite de oliva*

### El vino
Acompañar de un vino rosado sin crianza en barrica con D.O. Tacoronte-Acentejo, de la variedad listán negro, o de un vino blanco con crianza en barrica con D.O. Montsant, de la variedad garnacha blanca.

Se hace un sofrito dorando en la sartén con aceite los ajos cortados en láminas. Se pone el gofio en un cazo y con la espátula se hace un volcán, que se rellenará con el sofrito de ajos. Se dora asimismo la guindilla y se vierte también en el volcán. Se va añadiendo al cazo el caldo, a temperatura media, y se remueve hasta conseguir un puré fino. Antes de servir se salpimenta.

---

Se puede sustituir la guindilla por pimentón picante, que le dará un color más bonito.

**Dificultad:** baja
**Preparación:** 20 minutos

# Mojo picón

**Ingredientes para 4 personas**
*2 guindillas (o pimientas quemonas)*
*1 rebanada de pan frito*
*1 cabeza de ajos*
*1 cucharadita de comino en grano*
*1 cucharadita de pimentón*
*4 cucharadas de vinagre*
*1 taza de aceite de oliva*
*Sal*

### El vino

Servir con un vino blanco semidulce joven de D.O. Lanzarote, de la variedad malvasía, o con un Oloroso dulce no muy viejo, con crianza en barrica de D.O. Jerez-Xérès-Sherry, de las variedades palomino y pedro ximénez.

Se le quitan las pepitas a las guindillas y se cortan en trozos pequeños. Se prepara una majada con los ajos, pelados y cortados en trozos, la sal, el comino y las guindillas, hasta conseguir una pasta fina. Se añade la rebanada de pan frito y se mezcla. Se echa el pimentón y se remueve bien la majada. Seguidamente, se vierte también el aceite, como si se quisiera ligar una mayonesa, y el vinagre necesario. Se mezcla todo bien y se sirve.

> El mojo picón debe hacer honor a su nombre: con dos guindillas, seguro que es picón.

**Dificultad:** baja
**Preparación:** 20 minutos

# Mojo verde

### Ingredientes para 4 personas
*1 cabeza de ajos*
*1 manojo de perejil*
*2 pimientos verdes*
*1 cucharada de comino en grano*
*Sal*
*1 tacita de aceite de oliva*
*1/2 copa de vinagre*

### El vino

Sírvase con un vino blanco semidulce, sin crianza, de D.O. Valle de Güimar, de la variedad malvasía, o con un vino blanco semidulce joven de la Tierra de las Islas Baleares, de las variedades moscatel de Alejandría y malvasía.

Se pelan y se trocean los dientes de ajo. Se echa sal en un mortero y se majan los ajos con el perejil, los pimientos picados bien finos y los cominos. Se trabaja hasta conseguir una pasta y se sala si es necesario. Se vierte el aceite lentamente como si se quisiera ligar una salsa. Se añade el vinagre que se desee y se sirve.

> Es mejor utilizar para el mojo un buen vinagre de vino blanco. Todos los mojos se pueden elaborar con un robot de cocina y colarlos seguidamente, con lo que resultan más finos.

**Dificultad:** baja
**Preparación:** 20 minutos

# Mojo rojo

**Ingredientes para 4 personas**
*1 cabeza de ajos*
*2 cucharadas de pan rallado*
*2 pimientos morrones*
*1 guindilla muy picante*
*1 cucharada de pimentón*
*2 cucharadas de comino*
*1 tacita de aceite*
*Sal*
*1 cucharada de vinagre*

### El vino

Servir con un vino blanco semiseco, sin crianza, de D.O. Lanzarote, de la variedad malvasía, o con un vino blanco dulce, con crianza oxidativa en barrica de D.O. Navarra, de la variedad moscatel de grano menudo.

Se pican en el mortero los ajos pelados y troceados. Se les echa sal para que no salten. Se añaden los pimientos rojos, también picados y limpios, y la guindilla. Se perfuma el sofrito con los cominos y se trabaja hasta conseguir una pasta uniforme. Se agrega la cucharada de pimentón y se remueve. Entonces se va añadiendo el aceite como si se quisiera ligar una mayonesa. Se sirve el mojo en un plato, se cubre con pan rallado y vinagre y se deja reposar durante unas horas. Cuando el pan rallado se hinche, se agrega un poco más de aceite y se rectifica de sal y vinagre si es necesario.

> El mojo rojo pica. Por algo la guindilla que se utiliza se denomina "de la puta la madre" o "puta parió", lo que ilustra bien las sensaciones que provoca al probarlo.

**Dificultad:** baja
**Preparación:** 10 minutos
**Cocción:** 20 minutos

# Papas arrugás

**Ingredientes para 4-6 personas**

*2 kg de* papas *(patatas)*
*4 cucharadas de sal gorda*
*Agua*

### El vino

Sírvase con un vino tinto de maceración carbónica de D.O. Tacoronte-Acentejo, de las variedades listán negro y negramoll, o con un vino blanco fermentado en barrica de D.O. Penedès, de la variedad xarel·lo.

Se lavan las patatas y se ponen con piel en la cazuela. Se cubren con agua y se les añade sal gorda. Cuando arranque el hervor se baja el fuego. Se tapa la cazuela con papel de aluminio y se pone encima la tapa. Se deja que se evapore la totalidad del agua. Se destapan para que se arruguen y ya se pueden servir acompañadas de un mojo.

> Debe prestarse atención a que no se consuma el agua, pues se quemarían las *papas*. Para esta receta es preferible utilizar *papas* de Tenerife.

**Dificultad:** media
**Preparación:** 15 minutos
**Cocción:** 4 horas

# Jamón canario

**Ingredientes para 10 personas**
*1 pata de cerdo de 5 o 6 kg*
*2 cabezas de ajo*
*1 taza de sal gorda*
*2 cucharadas de orégano*
*1 cucharada de pimentón*
*1 taza de aceite de oliva*
*1 vaso de vino blanco*

### El vino
Servir con un vino tinto con crianza en barrica de D.O. Valle de Güimar, de la variedad listán negro, o con un vino tinto con crianza de D.O. Jumilla, de la variedad petit verdot.

Se le hacen agujeros a una pata de cerdo de 5 o 6 kilos con la ayuda de un cuchillo afilado. Se pela una cabeza de ajos y se colocan los dientes en los distintos agujeros. Se pelan los ajos de la otra cabeza y se majan en un mortero con un poco de sal.

Se añaden el pimentón, el aceite y la sal gorda. Se sala la pata de cerdo y se unta abundantemente con el majado como si se pretendiera hacerle una costra. Se coloca en una fuente de horno, se riega con el vino y se tapa con papel de aluminio. Se introduce en el horno precalentado y se deja unas 4 horas. A mitad de cocción, se baja la temperatura y se deja hasta que esté en su punto. Se presenta cortado en láminas finas.

> Para saber si una pieza tan grande está en su punto debe pincharse con un cuchillo fino. Cuando no salga sangre la cocción ha llegado al interior. Se puede añadir a la fuente del horno patatas peladas y cortadas finas, que se colocan 1 hora antes de acabar la cocción.

# Caldo de pescado a la manera de Gran Canaria

Dificultad: media
Preparación: 30 minutos
Cocción: 1 hora

### Ingredientes para 4 personas

*8 rodajas de pescado variado (mero, sama...)*
*4 patatas*
*1 pimiento rojo*
*1 cabeza de ajos*
*2 cebollas*
*1 ramita de cilantro*
*1 pizca de azafrán*
*1 tacita de aceite de oliva*
*250 g de gofio*
*1 taza de mojo verde*
*1 taza de hojas de menta o hierbabuena (hierbahuerto)*
*Sal*

### El vino

Servir con un vino rosado sin crianza en barrica de D.O. Abona, elaborado con las variedades listán negro, o con un vino blanco con crianza en barrica de D.O. Penedès, de las variedades chardonnay y xarel·lo.

Se cortan los distintos pescados en rodajas y se reservan las cabezas y las colas. Se limpian y se trocean muy finas las verduras (el pimiento, la cebolla y los ajos). En una olla con agua, se hace un caldo con las cabezas, las colas y las verduras.

Se pelan las patatas y se añaden enteras a la olla, con el azafrán, la sal y un buen chorro de aceite. Se deja cocer todo hasta que las patatas estén en su punto. Se les añade la hierbabuena y el cilantro.

Se fríe el pescado primero y se acompaña después al servirlo del mojo y el gofio.

Para el gofio escaldado se fríen unos dientes de ajo y se añaden una cucharada de mojo verde y caldo de pescado, que ayudará a conseguir una masa uniforme, como un puré de patata.

Se cuela el caldo, se escurren las patatas, las verduras y las hierbas aromáticas y se ponen en una fuente de servicio bien regadas con el caldo colado. Se sirve este caldo acompañado del pescado frito.

---

En lugar de freír las rodajas de pescado pueden hervirse con el caldo.

**Dificultad:** media
**Preparación:** 20 minutos
**Cocción:** 50 minutos

# Moros y cristianos

### Ingredientes para 4 personas
*1/2 kg de frijoles (judías negras)*
*2 cebollas*
*2 clavos*
*1 hoja de laurel*
*1 rama de tomillo*
*4 dientes de ajo*
*200 g de bacón*
*3 tacitas de arroz*
*1 tacita de aceite de oliva*
*Sal*

### El vino
Acompañar de un vino tinto con poca crianza en barrica con D.O. Ycoden-Daute-Isora, de la variedad listán negro, o de un vino tinto con crianza con D.O. Cigales, de la variedad tinto fino.

Se ponen a remojar los frijoles en agua durante 12 horas. En una olla con agua fría, se hierven con la hoja de laurel, el tomillo y una cebolla, en la que se clavarán los dos clavos. Se corta la cocción un par de veces con agua fría y se continúa hasta que los frijole estén tiernos.

En una sartén con aceite, se prepara un sofrito con una cebolla cortada bien fina y los dientes de ajo muy picados. Se añade el bacón cortado en dados y se deja que se dore. Se riega el sofrito con un poco de caldo de las judías y se deja reducir. Se escurren las judías, se incorporan a la sartén y se rehoga todo el conjunto unos 5 minutos.

Paralelamente se habrá cocido con agua y sal un arroz blanco durante 14 minutos para que quede al dente. Se monta el plato de manera que se distingan los moros (judías) de los cristianos (arroz).

> Se le puede dar más sabor al plato cubriendo el arroz con unos ajos sofritos. Si se añade media guindilla al sofrito se da más vida a los frijoles.

**Dificultad:** media
**Preparación:** 30 minutos
**Cocción:** 2 horas

# Potaje de millo y verduras

### Ingredientes para 4 personas

*2 piñas de millo (panochas de maíz)*
*100 g de garbanzos*
*1 cebolla*
*2 dientes de ajo*
*4 muslos de pollo*
*2 zanahorias*
*1 calabacín*
*1/4 de col no muy grande*
*150 g de habichuelas*
*1 tajada de calabaza*
*150 g de batata*
*4 patatas*
*100 g de guisantes frescos*
*1 taza de aceite de oliva*
*1 cucharadita de pimentón dulce*
*Agua*
*Sal*

### El vino

Sírvase con un vino tinto con breve paso por barrica de D.O. Tacoronte-Acentejo, elaborado con las variedades tintilla, cabernet y merlot, o con un vino tinto con crianza en barrica de la Tierra de Castilla de la variedad cencibel.

Se dejan en remojo 12 horas los garbanzos y se ponen a cocer con agua, sal y una punta de bicarbonato. Entre tanto se doran en una sartén con aceite la cebolla cortada muy fina y los ajos, que se habrán machacado en el mortero con una cucharadita de sal. Se añaden los muslos de pollo cortados en dos partes y se deja que se doren. Cuando el pollo y la cebolla empiecen a tomar color, se reservan.

Pasada media hora de cocción se añaden a la olla de los garbanzos las verduras (calabaza, batata, calabacín, zanahoria, guisantes y col) previamente limpias y troceadas. Se echa también el maíz (piñas de millo). Cuando los garbanzos estén casi al punto, al cabo de hora y media, se vuelve a calentar la sartén, se añade el pimentón y se incorpora el pollo con su sofrito en la olla. Se deja a fuego lento, y se vigila que las verduras y los garbanzos se vayan cociendo hasta que estén al punto.

---

El pollo no debe quedar frito, sólo algo dorado, pues su cocción se acaba en el caldo. Se sirve el guiso como si fuera un potaje, con su caldo correspondiente. También se puede sustituir el pollo por costilla de cerdo salada. En este caso se desala algo antes y se controla después la sal del guiso.

**Dificultad:** media
**Preparación:** 35 minutos
**Cocción:** 5 minutos

# Chocos con cilantro

### Ingredientes para 4 personas
*4 chocos limpios de unos 200 g cada uno*
*Aceite de oliva*

### Para el mojo de cilantro:
*1 cabeza de ajos*
*1 manojo de cilantro*
*2 pimientos verdes*
*1 cucharada de comino en grano*
*Sal*
*1 tacita de aceite de oliva*
*1/2 copa de vinagre*

### El vino
Acompañar de un vino blanco fermentado en barrica con D.O. Ycoden-Daute-Isora, de la variedad listán blanco, o de un vino blanco criado en barrica con D.O.Ca. Rioja, elaborado con las variedades malvasía, garnacha y viura.

Se ponen los chocos limpios sobre una plancha bien caliente con un poco de aceite y se asan hasta que tengan un bonito color tostado.

Por otro lado, se liga un mojo de cilantro muy suave. Para ello, se pelan y se trocean los dientes de ajo. Se echa sal en un mortero y se majan los ajos con el cilantro, los pimientos picados bien finos y los cominos. Se trabaja hasta conseguir una pasta y se sala si es necesario. Se vierte el aceite lentamente como si se quisiera ligar una salsa. Se añade el vinagre que se desee y se reserva.

Para finalizar, con un pincel se va pintando el choco con el mojo de cilantro y se sirve con este mismo mojo.

---

Para que el mojo sea más suave se puede añadir un poco más de aceite.

**Dificultad:** baja
**Preparación:** 10 minutos
**Cocción:** 40 minutos

# Caldo de leche

**Ingredientes para 4 personas**
*3 calabacines*
*4 patatas*
*600 ml de leche*
*Sal*
*Pimienta*
*Azafrán*

## El vino

Acompañar de un vino blanco sin crianza con D.O. Abona, de la variedad vijariego, o de un vino blanco fermentado en barrica con D.O. Pla de Bages, de la variedad picapoll.

Se pelan y se trocean los calabacines y las patatas y se ponen en una cazuela de barro con agua hasta cubrirlos y a fuego lento para que vayan soltando su jugo. Tiene que ser una cocción lenta y larga de forma que los ingredientes queden blancos y se consiga evaporar por completo el agua.

Por otro lado, se hierve la leche junto con unas hebras de azafrán y se incorpora al calabacín y las patatas. Se salpimenta al gusto y se le da un último hervor.

> También puede colarse por el pasapurés, en cuyo caso, seguramente, se tendrá que calentar de nuevo.

**Dificultad:** media
**Preparación:** 30 minutos
**Cocción:** 5 minutos

# Chipirones corteses

### Ingredientes para 4 personas
*20 chipirones limpios de unos 7 cm*
*20 lonchas de jamón cocido*
*150 g de queso amarillo*
*3 dientes de ajo*
*Perejil*
*Sal gorda*
*Pimienta*
*2 huevos*
*Harina*

### El vino
Acompañar de un vino blanco sin crianza con D.O. Ycoden-Daute-Isora, de la variedad marmajuelo, o de un vino blanco sin crianza con D.O. Rueda, de la variedad verdejo.

Se separan las cabezas de los tentáculos del chipirón y se reservan.

Por otro lado de cortan cuadrados de jamón casi del tamaño del chipirón. Sobre cada uno de estos cuadrados se colocan, en el centro, tiritas alargadas de queso amarillo.

En un mortero se majan sobre sal gorda los ajos, unas ramas de perejil y un poquito de aceite y vinagre. Con una cucharita se pone sobre cada tirita de queso un poco de este majado. Se envuelve el queso y el majado con el jamón haciendo unos pequeños cilindros y se introducen en cada uno de los chipirones. Una vez rellenos los chipirones se cierran con sus propios tentáculos, que se habían reservado, con la ayuda de un palillo para que no salga el relleno.

Se pasan los chipirones por harina, después por huevo y otra vez por harina y se fríen en una sartén con abundante aceite hasta que estén bien sellados.

> El aceite para freír los chipirones debe estar lo más caliente posible para evitar que éstos se resequen.

**Dificultad:** media
**Preparación:** 20 minutos
**Cocción:** 25 minutos

# Churros de pescado

### Ingredientes para 4 personas

*800 g de pescado blanco limpio (abadejo, cherne, merluza)*
*150 g de harina*
*80 ml de leche*
*1 huevo*
*1 vaso de cerveza*
*El zumo de 1 limón*
*Sal*
*Perejil*

### El vino

Sírvase con un vino blanco sin crianza en barrica de D.O. La Palma, de la variedad bremajuelo o con un vino blanco sin crianza en barrica de D.O. Valdeorras, de la variedad godello.

Se cortan trozos de pescado de unos 3 cm de ancho y 8 de largo. Una vez troceado se le echa el zumo de 1 limón, el perejil picado y un poco de sal y se deja marinar 2 horas.

Mientras, se prepara la masa para rebozar el pescado con la harina, la leche, el huevo batido y la cerveza. Se mezcla bien el preparado hasta que quede con una textura un poco más líquida que la de un puré.

Se rebozan los trozos de pescado con esta mezcla y se fríen en abundante aceite, primero muy caliente para hacer una costra y más tarde un poco más suave para que se haga el pescado por dentro.

> Estos churros quedan estupendos servidos con una salsa mayonesa.

Cocina tradicional

# Segundos

**Dificultad:** media
**Preparación:** 20 minutos
**Cocción:** 30 minutos

# Bacalao con *papas*

### Ingredientes para 4 personas
*8 trozos de penca de bacalao desalada*
*4 patatas*
*1 taza de aceite de oliva*
*1 ramita de azafrán*
*4 dientes de ajo*
*1 cucharada de perejil picado*
*1 rebanada de pan*
*1 taza de harina*
*Sal*
*1 pizca de pimienta blanca*
*Agua*

### El vino
Servir con un vino tinto sin crianza en barrica de D.O. La Palma, de las variedades listán negro y negramoll, o con un vino blanco con crianza en barrica de D.O.Ca. Rioja, de la variedad malvasía.

Se corta la penca de bacalao en trozos de unos 75 g la unidad y una vez secos se rebozan con harina. En una sartén con aceite caliente se fríen, se escurren y se reservan.

Se filtra el aceite y en otra sartén se fríen con él las patatas peladas y cortadas en láminas. Se escurren y se colocan en una cazuela formando un lecho y sobre él se pone el bacalao. Se cubre con agua y se lleva la cazuela al fuego a baja temperatura.

En el mismo aceite de freír el pescado y las patatas, se fríen los ajos pelados y se pican con un mortero o la picadora junto con el azafrán, el perejil, la pimienta y el pan remojado con agua. Se añade esta majada al guiso y se remueve con la cuchara. Se corrige de sal y se deja al fuego unos 10 minutos.

> Para que la salsa quede más espesa se le puede añadir más miga de pan a la majada. Y no hay que cortar las patatas excesivamente finas.

**Dificultad:** media
**Preparación:** 20 minutos
**Cocción:** 20 minutos

# Asadura al ajillo pastor

**Ingredientes para 4 personas**

*500 g de asadura de cordero (hígado, pulmón, riñón...)*
*3 tomates*
*4 dientes de ajo*
*1/2 cucharadita de comino*
*2 cucharadas de perejil picado*
*1 taza de aceite de oliva*
*Sal*
*1 pizca de pimienta negra*

### El vino

Servir con un vino tinto sin crianza en barrica de D.O. Lanzarote, de las variedades tinta conejera y listán negro, o con un vino tinto con crianza en barrica de D.O. Méntrida, de la variedad syrah.

Se lava la asadura y se seca. Se corta en pedazos regulares y se sazonan con sal y pimienta. Se espolvorean con perejil picado y, en una sartén con aceite a fuego medio, se saltean. Cuando estén dorados, se ponen en una cazuela y se reservan.

En el aceite de la sartén, se fríen los tomates pelados y cortados en trozos. Paralelamente, se hace una majada en el mortero con los ajos, la sal, el comino y la pimienta. Se añade el tomate frito a la cazuela y se vierte encima la majada. Se remueve y se deja a fuego suave. Se agrega un poco de agua caliente y se deja cocer unos 10 minutos.

> Este plato económico y popular, aunque no requiere más ingredientes que los señalados, puede acompañarse con patatas fritas o *arrugás*.

**Dificultad:** media
**Preparación:** 20 minutos
**Cocción:** 30 minutos

# Conejo en pepitoria

### Ingredientes para 4 personas

1 conejo
1 cebolla
2 ramitas de tomillo
2 ramitas de perejil
3 cucharadas de manteca de cerdo (o aceite)
50 g de harina
4 alcachofas
2 yemas de huevo
1 limón
1 pizca de pimienta
Sal
Agua

### El vino

Sírvase con un vino tinto con pocos meses de barrica de D.O. Valle de Güímar, de las variedades listán negro y negramoll, o con un vino tinto semicrianza de D.O. Yecla, de la variedad monastrell.

Se limpian las alcachofas y se les quitan las hojas duras, de forma que les quede únicamente el corazón. Se dividen en cuatro partes y se reservan. Se corta la cebolla en rodajas y se pone en una olla con agua hirviendo. Se retira del fuego y se sumerge en ella el conejo, perfectamente limpio. Se deja 3 minutos y se retira. Se seca y se corta en trozos.

En una cazuela con manteca de cerdo o aceite, se doran los trozos de conejo previamente salpimentados, junto con el perejil y el tomillo. Se espolvorea con harina. Se deja que tome color y se riega con algo del agua en la que se ha escaldado el conejo. Se añaden las alcachofas y se dejan cocer.

Se pone el conejo en la fuente de servicio y a su alrededor las alcachofas. Se pasa por el colador el fondo de cocción y se añaden las yemas de huevo mezcladas con el zumo del limón. Se bate hasta que la salsa quede ligada y se riega con ella el conejo y las alcachofas.

> Si se dispone de guisantes, puede añadirse un puñado de éstos a las alcachofas.

**Dificultad:** media
**Preparación:** 30 minutos
**Cocción:** 1 hora

# Gallina a la cairatraca

### Ingredientes para 4 personas

1 gallina
1 l de caldo de puchero
2 cucharadas de manteca de cerdo
2 vasos de vino blanco
1 rama de canela
1 cucharada de perejil picado
1 cabeza de ajos
10 g de pimienta en grano
1 hoja de laurel
1 cucharada de pan rallado
Sal

### El vino

Acompañar de un vino tinto sin crianza en barrica con D.O. Ycoden-Daute-Isora, de las variedades vijariego negro y bastardo negro, o de un vino blanco con crianza en barrica de la Tierra de Castilla, de la variedad viognier.

Se calienta el caldo sobrante de un puchero canario o cocido. Cuando arranque el hervor, se añade la gallina, con las patas y las alas atadas, y se deja a fuego muy vivo durante 5 minutos. Se retira y se escurre.

En una cazuela con manteca de cerdo o aceite se dora la gallina hasta que tenga un color uniforme. Entonces se añade el vino, la rama de canela, el perejil, la cabeza de ajos entera, la pimienta, el laurel y el pan rallado. Se baja el fuego al mínimo, se tapa la cazuela y se deja que se cocine durante 15 minutos. Se añade sal y un poco de pimienta molida y se riega con el caldo de ave en el que se ha iniciado la cocción. Se va rociando con este caldo y, con la cazuela abierta para que evapore, se pone a fuego vivo de tal manera que el caldo reduzca.

> Si se dispone de poco caldo de puchero canario, se le puede añadir un poco de agua. Es mejor que la gallina no sea vieja, pues su carne es más dura.

**Dificultad:** media
**Preparación:** 20 minutos
**Cocción:** 10 minutos

# Mojarra con mojo de cilantro

### Ingredientes para 4 personas
#### Para la mojarra:
*1 kg de mojarra*
*Sal*
*Aceite de oliva*

#### Para el mojo:
*1/2 cabeza de ajos*
*1 manojo de cilantro*
*1 cucharadita de cominos*
*1 pimiento verde*
*1 tacita de aceite de oliva*
*1 cucharadita de vinagre*
*Sal*

### El vino
Servir con un vino blanco fermentado en barrica de D.O. Ycoden-Daute-Isora, de la variedad malvasía, o con un vino tinto con crianza en barrica de D.O. Somontano, elaborado con las variedades chenin blanc, riesling y chardonnay.

**La mojarra:** Se le quitan a la mojarra las escamas y las tripas. Se calienta el aceite en una sartén grande y, cuando esté bien caliente, se sala el pescado y se fríe.

**El mojo:** Se pican los ajos y el pimiento y se machacan con los ajos, el cilantro, los cominos y la sal. Cuando se obtenga una pasta uniforme, se le añade vinagre y muy despacio el aceite. Se acompaña la mojarra con este mojo.

---

La mojarra es una variedad de sargo, de carne muy blanca, ideal para freír. En el mercado se encuentra de diferentes tamaños.

**Dificultad:** media
**Preparación:** 20 minutos más el tiempo de maceración
**Cocción:** 1 hora

# Guiso de cabrito

### Ingredientes para 4 personas

2 kg de carne de cabrito
2 rebanadas de pan
1 cabeza de ajos
1 copa de vinagre
1 vaso de vino tinto
1 guindilla
1 limón
1 taza de aceite de oliva
Nuez moscada
1 cucharadita de comino
1 cucharada de uvas pasas
1 cucharada de aceitunas verdes
1 cucharada de almendras
Agua
Sal

### El vino

Servir con un vino tinto con crianza en barrica de D.O. Tacoronte-Acentejo, de las variedades listán negro y merlot, o con un vino tinto con crianza de la Tierra del Terrerazo donde la variedad principal sea la bobal.

En un recipiente se pone a macerar la carne de cabrito con el vino y el zumo de limón. Se deja unas 3 horas y se reserva el líquido de la maceración.

En una sartén con aceite, se dora la carne uniformemente y se coloca en una cazuela. En el mismo aceite, se doran los ajos, se pone la mitad sobre el cabrito y la otra en el mortero para preparar una majada.

Se echan al mortero junto a los ajos las rebanadas de pan fritas. Se incorporan las almendras, las aceitunas, el comino y una ralladura de nuez moscada. Se tritura todo hasta conseguir una pasta no excesivamente fina, que se diluye con el líquido de maceración y se vierte sobre el cabrito. Se le añade un poco del aceite de la sartén y se agregan el vinagre, las pasas y la guindilla. Se le echa un poco de agua y se deja cocer hasta que la carne esté tierna y la salsa espesa.

> Es conveniente controlar la potencia de la guindilla. Si es muy picante, con la mitad ya se conseguirá un sabor fuerte.

**Dificultad:** media
**Preparación:** 20 minutos
**Cocción:** 15 minutos

# Atún encebollado

### Ingredientes para 4 personas

*4 rodajas de atún*
*2 cebollas*
*1 hoja de laurel*
*1 vaso de vino blanco*
*1 taza de aceite de oliva*
*1 taza de harina*
*Sal*

### El vino

Acompañar de un vino blanco fermentado en barrica con D.O. Ycoden-Daute-Isora, de la variedad listán blanco, o de un vino blanco fermentado en barrica con D.O. Valdeorras elaborado con godello.

Se le quitan al atún las espinas y la piel y se corta en tacos alargados. Se limpia la cebolla y se corta en aros y, en una sartén con aceite, se dora a fuego lento. Se rebozan con harina los tacos de atún, se sacuden para que pierdan el exceso y se añaden a la cazuela para que se doren en contacto con la cebolla y el aceite. Se rehogan durante 5 minutos. Se añade la sal y el laurel y se riega con vino. Se deja cocer a fuego suave durante unos 10 minutos más.

> No se debe utilizar mucho vino, pero hay que procurar que sea aromático. El jerez fino es ideal.

**Dificultad:** media
**Preparación:** 30 minutos
**Cocción:** 30 minutos

# Sancocho canario

**Ingredientes para 4 personas**
*800 g de cherne salado*
*400 g de papas (patatas)*
*300 g de batatas amarillas*
*1 taza de mojo rojo o picón*

**Para la pella de gofio:**
*Gofio*
*1 cucharadita de sal*
*1 cucharadita de azúcar*
*Agua*

### El vino
Servir con un vino tinto con pocos meses de barrica de D.O. Valle de la Orotava, de las variedades listán negro y malvasía rosada, o con un vino tinto con crianza en barrica de D.O. Calatayud, de la variedad garnacha.

Se desala el cherne durante un día, y durante ese tiempo se le cambia tres o cuatro veces el agua. Una vez esté desalado, se corta en trozos y se coloca en una olla con las batatas y las patatas cortadas en pedazos gruesos. Se dejan cocer a fuego vivo durante 30 minutos, se cuelan y se reservan.

En un cazo se echa el agua fría, se disuelve en ella la sal y el azúcar y se añade lentamente el gofio necesario hasta que se forme una bola. Se da a la masa forma de cilindro y se corta en rodajas de 1 centímetro de grosor. Se sirve el cherne con la pella de gofio y el mojo picón.

> La pella de gofio puede ser salada o bien dulce si se le añade miel en vez de sal.

**Dificultad:** media
**Preparación:** 15 minutos más el tiempo del adobo
**Cocción:** 40 minutos

# Conejo en salmorejo

### Ingredientes para 4 personas

1 conejo
3 dientes de ajo
2 hojas de laurel
1/2 guindilla
2 rebanadas de pan frito
1 copa de vino blanco
1 copa de vinagre
1 cucharada de pimentón
1 cucharadita de comino
1 cucharada de orégano
Agua
1 taza de aceite de oliva
Sal

### El vino

Servir con un vino tinto con crianza en barrica de D.O. Ycoden-Daute-Isora, de la variedad tintilla, o con un vino tinto con crianza en barrica de D.O. Empordà-Costa Brava, elaborado con las variedades garnacha, cabernet sauvignon y merlot.

Se trocea el conejo en octavos, se sala y se coloca en una cazuela.

Se prepara un salmorejo machacando los ajos con la guindilla, el pimentón, los cominos, el orégano y el pan frito y deshecho en vinagre y vino. Se vierte la mezcla sobre el conejo de forma que se impregnen todos los trozos y se deja en adobo tapado en la nevera 24 horas.

Se retira el conejo del adobo y se sofríe en una sartén con aceite. A medida que los trozos tomen color, se vuelven a colocar en la cazuela del adobo, se cubren con agua, se añade el laurel y se cuecen a fuego medio durante unos 30 minutos.

> Es suficiente con media guindilla para que el salmorejo resulte bastante picante.

*Dificultad:* media
*Preparación:* 30 minutos
*Cocción:* 30 minutos

# Viejas con *papas arrugás*

### Ingredientes para 4 personas

*4 viejas coloradas de ración*
*1 kg de patatas*
*2 cebollas*
*2 tomates*
*1 pimiento rojo*
*2 cabezas de ajo*
*1 cucharadita de perejil*
*1/2 cucharadita de pimentón picante*
*1 cucharadita de cúrcuma*
*1 hoja de laurel*
*1 ramita de tomillo*
*2 cucharadas de pan rallado*
*1 taza de aceite de oliva*
*100 g de sal gorda*
*Agua*

### El vino

Servir con un vino blanco joven y fresco de D.O. Ycoden-Daute-Isora, de la variedad marmajuelo, o con un vino blanco sin crianza en barrica de D.O. Rías Baixas, de las variedades albariño y loureiro.

Primero se preparan las *papas arrugás*, que se cuecen con piel, bien lavadas, con agua y abundante sal gorda, y se reservan.

Se limpian las viejas, preferiblemente del tamaño de una ración cada una, y se fríen en una sartén con aceite. Se retiran y en el mismo aceite se sofríen las cebollas cortadas bien finas. En cuanto estén transparentes, se añaden los ajos cortados en láminas y el pimiento en dados. Se añaden los tomates troceados y sin piel, las hierbas aromáticas y las especias (el perejil, el pimentón, la cúrcuma, el laurel y el tomillo).

En una cazuela se prepara un lecho con el sofrito y se coloca encima el pescado. Se espolvorea con el pan rallado y se deja cocer unos 3 minutos más. Se sirve el pescado acompañado de las *papas arrugás*.

> Para que las *papas* se arruguen más fácilmente, se pueden dejar una vez cocidas en una olla al fuego y sin agua, con cuidado de que no se quemen. La vieja tiene un sabor intermedio entre la merluza y el besugo.

**Dificultad:** media
**Preparación:** 20 minutos más el tiempo del adobo
**Cocción:** 45 minutos

# Pollo embarrado

**Ingredientes para 4 personas**
1 pollo
1 cabeza de ajos
2 copas de vino blanco
1 taza de aceite de oliva
2 cucharadas de comino
2 cucharadas de pimentón dulce
Sal

### El vino
Sírvase con un vino tinto sin crianza en barrica de D.O. Valle de la Orotava, de la variedad listán negro, o con un vino blanco fermentado y criado en barrica de D.O. Navarra, de la variedad chardonnay.

Se prepara una majada en la picadora o el mortero con los ajos pelados, el pimentón, el comino y la sal. Se le añade un tercio de la taza de aceite y una copa de vino.

Se corta el pollo en trozos y se cubren con esta mezcla, de forma que quede como si estuviera embarrado; se deja en adobo durante 2 horas.

En una cazuela se echa el aceite restante, el pollo y la otra copa de vino. Se guisa a fuego lento durante unos 45 minutos y si se comprueba que está tierno ya se puede servir.

---

Este adobo realza el sabor del pollo, y es una fórmula sencilla, económica y sabrosa.

**Dificultad:** media
**Preparación:** 20 minutos
**Cocción:** 25 minutos

# Pez tostón al horno

**Ingredientes para 4 personas**

*1 castañola de 1,2 kg (pez tostón)*
*2 cebollas*
*1 taza de aceite de oliva*
*1/2 copa de vino blanco*
*1 cucharada de perejil picado*
*Sal*

### El vino

Servir con un vino blanco sin crianza en barrica de D.O. Ycoden-Daute-Isora, de la variedad marmajuelo, o con un vino blanco joven de D.O. Valdeorras, de la variedad godello.

Se prepara la castañola como si fuera un lenguado, es decir, se pela y se corta en cuatro filetes. Se colocan en una fuente de horno o besuguera, se salan y se riegan con el aceite y el vino.

Se pican las cebollas bien finas y se mezclan con el perejil, también picado. Se cubre el pescado con esta majada y se asa al horno a temperatura media durante unos 25 minutos.

> Este pescado azul es muy sabroso y fácil de preparar, ya que todo se lleva al horno en crudo.

**Dificultad:** media
**Preparación:** 20 minutos
**Cocción:** 50 minutos

# Mojo cochino de Gran Canaria

### Ingredientes para 4 personas

*1 kg de asaduras de cerdo (hígado, riñón, corazón...)*
*250 g de magra de cerdo o tocino*
*2 cebollas*
*2 tomates*
*1 cabeza de ajos*
*1 cucharada de pimentón picante*
*1 cucharadita de orégano*
*2 hojas de laurel*
*1 ramita de tomillo*
*1 clavo*
*10 granos de pimienta negra*
*1 copa de vino blanco*
*1 cucharada de almendras*
*1 cucharadita de comino*
*1 cucharada de pasas*
*1 taza de aceite de oliva*
*Agua*
*Sal*

### El vino

Servir con un vino tinto con crianza en barrica de D.O. Ycoden-Daute-Isora, de las variedades listán negro y tintilla, o con un vino tinto con crianza de D.O. Ribera del Guadiana, de las variedades tempranillo y garnacha.

Se cortan las asaduras en trozos regulares, se limpian bajo el chorro de agua y se colocan en una cazuela con agua y sal. Se les añaden el laurel, el tomillo y el orégano y se dejan a fuego medio durante 15 minutos. Se retiran, se escurren bien y en una sartén con aceite caliente se sofríen y se reservan.

En la misma sartén se sofríen la cebolla cortada en láminas, 8 o 10 ajos pelados fileteados y los tomates, también pelados, sin pepitas y en dados. Cuando el tomate haya perdido el agua de vegetación, se le añade el pimentón, se le da unas vueltas para que no se queme y se agregan el vino blanco y el tocino cortado en tiras. Se deja a fuego bajo.

Entonces se prepara en el mortero o en la picadora una majada con tres ajos, comino, pimienta negra, el clavo y las almendras. Se echa la misma en el guiso y se deja cocer a fuego suave 30 minutos. Pasado este tiempo se incorporan las asaduras y las pasas y se cocina todo 5 minutos más removiendo un par de veces.

> Antes de echar las pasas al guiso se ponen en remojo con agua o coñac para que se hinchen.

**Dificultad:** media
**Preparación:** 30 minutos
**Cocción:** 1 hora 30 minutos

# Rancho

### Ingredientes para 4 personas

2 cebollas
1 pimiento rojo
4 patatas
100 g de chorizo
3 tomates
1 trozo de calabaza
200 g de costilla de cerdo (desalada)
150 g de jarrete de ternera
100 g de fideos
150 g de garbanzos
1 tacita de aceite de oliva
Caldo de ave (o agua)
1 diente de ajo
1 cucharada de perejil
1 pizca de azafrán
Sal
Pimienta

### El vino

Servir con un vino tinto con crianza en barrica de D.O. Tacoronte-Acentejo, de la variedad listán negro, o con un vino tinto crianza, de corte tradicional, de D.O.Ca. Rioja, elaborado con las variedades tempranillo y garnacha.

Se ponen en remojo los garbanzos durante 12 horas y se cuecen en una olla con abundante agua o caldo de ave junto con el jarrete de ternera. Se retiran las impurezas a medida que van aflorando.

En una sartén con un poco de aceite se sofríen a fuego bajo la cebolla cortada bien fina y el pimiento en dados pequeños. Se ralla el tomate y se añade. Se sala el sofrito. Se cortan en dados la calabaza y las patatas y se incorporan a la sartén. Se pone a fuego muy suave hasta que todas las verduras tomen color.

Al cabo de 1 hora de cocer los garbanzos, cuando casi estén tiernos, se echan el chorizo y las costillas. Cuando las carnes estén adelantadas en la cocción, se incorporan al cocido el sofrito y los fideos. Se corrige de sal y se deja hervir hasta que la pasta esté al punto. Cinco minutos antes de servir, se le echa una majada muy fina hecha con el diente de ajo, el perejil y el azafrán.

---

Este rancho no suele quedar muy líquido porque el almidón de las patatas y los garbanzos contribuyen a ligarlo.
Si se quiere dar protagonismo al ajo, se incorpora la majada un minuto antes de servir.

**Dificultad:** media
**Preparación:** 20 minutos
**Cocción:** 20 minutos

# Dorada con mojo de cilantro

### Ingredientes para 4 personas

*4 doradas de una ración*
*8 papas arrugás*
*1 taza de mojo de cilantro*
*1 tacita de aceite de oliva*
*1 rodaja de limón*
*Sal gorda*

### Para el mojo de cilantro:

*6 dientes de ajo*
*1 rama de cilantro*
*1 cucharada de vinagre*
*1 tacita de aceite de oliva*
*Sal*

### El vino

Acompañar de un vino blanco sin crianza en barrica con D.O. Ycoden-Daute-Isora, de la variedad marmajuelo, o de un vino blanco joven con D.O. Pla de Bages, de la variedad picapoll.

Se prepara un mojo picando seis dientes de ajo con la sal y el cilantro; se le añaden el aceite de oliva y el vinagre hasta conseguir una textura suave en la que, no obstante, se puedan detectar los ingredientes. No se le echa guindilla verde.

Se preparan *papas arrugás*, hirviendo las patatas bien lavadas y con piel en abundante agua y con sal gorda. Se reservan.

Se prepara la dorada en filetes, sin escamas ni espinas, se sala y se dora en una sartén con muy poco aceite por ambas caras. Se sirve con una rodaja de limón y se acompaña de las *papas arrugás* y el mojo de cilantro.

---

Si se acompaña con un mojo picón, su sabor fuerte no deja apreciar la suavidad de la carne de la dorada. Para conseguir que el mojo suave tenga un color verde intenso se escalda el ramito de cilantro y se pone inmediatamente en agua con hielo, de forma que conserva la clorofila.

**Dificultad:** media
**Preparación:** 20 minutos
**Cocción:** 20 minutos

# Viejas hervidas

**Ingredientes para 4 personas**

*4 viejas de 700 g cada una aprox.*
*4 tomates*
*2 cebollas*
*4 ramitas de perejil*
*1 taza de aceite de oliva*
*4 dientes de ajo*
*1 cucharada de vinagre*
*1 hoja de laurel*
*1 pizca de pimienta blanca*
*Sal*
*4 papas arrugás*
*1 taza de mojo suave*

### El vino

Sírvase con un vino blanco sin crianza en barrica de D.O. La Palma, de las variedades brebajuelo, uval y baboso blanco, o con un vino blanco fermentado en barrica de D.O. Rías Baixas, de la variedad albariño.

Se prepara un caldo corto hirviendo en agua un tomate, la cebolla cortada en dados y una hoja de laurel. Se añade un chorrito de vinagre, otro de aceite y un poco de pimienta blanca. Se deja hervir 10 minutos.

Se limpian las viejas pero se les dejan la piel y las escamas. Se llevan a ebullición en el caldo y se baja inmediatamente la temperatura al mínimo. Se les da una cocción de unos 10 minutos si son de la medida señalada. Con cuidado, se retira el pescado del caldo y se le quitan la piel y las escamas. Se retiran las verduras y se cortan muy finas. Se monta el plato con el pescado en el centro y las verduras a su alrededor. Se acompaña de *papas arrugás* y un mojo suave.

> El pescado debe introducirse en el caldo cuando esté en ebullición, como si se quisiera escaldar.

**Dificultad:** media
**Preparación:** 20 minutos
**Cocción:** 15 minutos

# Brótola con pan frito

### Ingredientes para 4 personas
*8 rodajas de brótola (agriote)*
*1 cucharada de perejil picado*
*2 rebanadas de pan*
*1 taza de harina*
*1 taza de aceite de oliva*
*Sal*

### El vino
Servir con un vino blanco sin crianza en barrica de D.O. Abona, de la variedad bermejuela, o con un vino blanco fermentado en barrica de D.O. Rueda, de la variedad verdejo.

Se prepara la brótola o agriote en rodajas. En una sartén con aceite caliente, se dora el pan cortado en trozos muy pequeños con la forma que se desee. Se salan las rodajas de brótola y se rebozan con harina. Se espolvorean por ambos lados con perejil picado y se aprieta éste con la palma de la mano para que no se desprenda, se fríen y se reservan. Se vuelven a freír los trozos de pan en el aceite del pescado y se dejan hasta que estén bien dorados. Se escurren y se colocan por encima de las rodajas de brótola.

> La brótola, agriote o "falsa merluza" tiene una carne blanca y delicada. Se puede acompañar el plato con unas *papas arrugás* y un mojo de cilantro.

**Dificultad:** media
**Preparación:** 20 minutos
**Cocción:** 2 horas

# Puchero canario de cuatro vuelcos

## Ingredientes para 4-6 personas

- 1 jarrete de ternera
- 1/2 gallina
- 1/2 perdiz
- 1/4 de pierna de cordero troceada
- 1/2 pichón
- 1/2 conejo
- 1 lonja de tocino
- 2 chorizos
- 1/2 col
- 1 zanahoria
- 100 g de judías verdes
- 1 corte de calabaza
- 1 calabacín
- 1 piña de millo (mazorca de maíz)
- 1 pera
- 2 patatas
- 1 batata
- 100 g de fideos gruesos
- 150 g de garbanzos
- 1/2 taza de aceite de oliva
- 1 copita de vinagre de Jerez
- 1 taza de mojo verde de pimientos y perejil

### El vino

Servir con un vino tinto con crianza en barrica de D.O. Tacoronte-Acentejo, de las variedades listán negro y negramoll, o con un vino tinto con crianza de D.O. Ribera del Duero, de la variedad tinto fino.

Para elaborar este puchero canario, se sigue la receta del puchero, teniendo en cuenta que se está elaborando un plato emparentado con la olla podrida, entre los más ricos de todos los pucheros de la Península.

Se inicia la cocción con los garbanzos y las carnes, excepto el chorizo. Cuando los garbanzos estén en su punto, al cabo de una hora y media aproximadamente, se añaden las verduras bien limpias. Se espuma con frecuencia y se agregan los chorizos en el último cuarto de hora de cocción.

Se cuela el caldo y se cuecen en él los fideos. Se aliñan las verduras, las carnes y los garbanzos con aceite, vinagre y mojo verde, al gusto de cada cual.

---

Este puchero canario "de cuatro vuelcos" se puede servir, como su nombre indica, en cuatro platos: de primero una sopa de fideos; de segundo los garbanzos, el tocino y el chorizo; de tercero, las verduras y de cuarto las carnes.

**Dificultad:** media
**Preparación:** 20 minutos
**Cocción:** 35 minutos

# Tollos en salazón

### Ingredientes para 4 personas

*1 kg de tollos*
*Sal gorda*
*6 dientes de ajo*
*1/2 cucharada de pimentón dulce*
*Vinagre*
*Comino*
*Pimienta picona (Cayena)*
*250 ml de vino oloroso*
*250 ml de agua*
*100 ml de aceite*

### El vino

Acompañar de un vino tinto joven sin barrica con D.O. Valle de Güimar, de la variedad syrah o de un vino blanco con crianza en barrica con D.O. Terra Alta, de la variedad garnacha blanca.

El día anterior se desalan los tollos en abundante agua fresca. Se secan, se limpian y se cortan en trozos de unos 8 cm. Se colocan los tollos en el fondo de un caldero ancho y plano. Sobre éstos se echa una majada preparada con el comino, la pimienta picona, el ajo, el pimentón, un chorro de vinagre y cuando la majada haya tomado forma, se añade el vino.

Una vez echada la majada se vierte el agua y el aceite. El conjunto se cocina desde el primer hervor por espacio de 20 o 30 minutos.

> Si se desea que los tollos queden más sabrosos, antes de meterlos en el fondo del caldero se saltean con un sofrito de cebolla.

**Dificultad:** media
**Preparación:** 10 minutos
**Cocción:** 50 minutos

# Caballa con fideos

### Ingredientes para 4 personas
*400 g de fideos gordos*
*500 g de caballa limpia y sin espinas*
*1 diente de ajo*
*1 cebolla grande*
*2 tomates*
*Azafrán*
*Pimentón dulce*
*Pimienta negra*
*Sal*
*Nuez moscada*
*1/2 copa de brandy*
*1 l de agua*

### El vino
Acompañar de un vino blanco sin crianza en barrica con D.O. Valle de la Orotava, de la variedad listán blanco, o de un vino blanco fermentado en barrica con D.O. Monterrey, elaborado con las variedades treixadura y godello.

Se parte la caballa en trozos de unos 8 o 10 cm y se reserva. Por otro lado se hace un sofrito a fuego lento con la cebolla picada, el ajo y el tomate picado, previamente pelado y despepitado y media copita de brandy. Transcurridos unos 35 minutos se rectifica de sal y pimienta y se le añade un poco de pimentón dulce y nuez moscada al gusto.

A este sofrito se le incorpora el agua y cuando rompa a hervir se le añaden los fideos.

Cuando éstos lleven 10 o 12 minutos, se añaden los trozos de caballa que se tenían reservados y sin remover se tapa. Se aparta del fuego y se deja reposar entre 3 y 5 minutos.

---

Si se quiere obtener un plato con más sabor, en vez de agua se puede usar un caldo suave hecho con la cabeza y espinas de la caballa.

Dificultad: media
Preparación: 10 minutos
Cocción: 1 hora 10 minutos

# Fideos a lo pobre con pimientos y hierbas

**Ingredientes para 4 personas**
*400 g de fideos gordos*
*100 g de miga de pan*
*Pimientos rojos*
*2 dientes de ajo*
*Pimienta picona (Cayena)*
*Sal*
*Perejil*
*Orégano*

### El vino

Servir con un vino tinto con poca crianza de D.O. Lanzarote, de la variedad negramoll, o con un vino blanco fermentado en barrica de la D.O. Navarra, elaborado a base de chardonnay.

En un cazo con abundante agua con sal se hierve la pasta unos 10 minutos. Debe quedar al dente.

Por otro lado en una sartén se doran los ajos cortados muy finos con un poco de aceite. Cuando los ajos estén dorados, se incorporan las migas de pan, que previamente se habrán desmigado, hasta que se doren.

Aparte, se asan en el horno los pimientos envueltos en papel de plata. Una vez asados se pelan, se limpian, se cortan en tiras muy finas y se añaden a la sartén donde estaban las migas y los ajos. Se sofríe todo el conjunto durante 5 minutos.

Se recuperan los fideos que estaban reservados, se escurren y se incorporan al preparado anterior. Se espolvorea todo el conjunto con un poco de perejil picado y orégano y se continúa la cocción 3 minutos más.

> Es imprescindible que los fideos queden al dente para evitar que se pasen en la última cocción.

**Dificultad:** media
**Preparación:** 20 minutos
**Cocción:** 1 hora

# Carne de cabra en salsa

### Ingredientes para 4 personas
1 kg de carne de cabra limpia de sebo
2 cebollas
3 pimientos rojos
2 tomates
300 ml de vino blanco
200 ml de agua
6 dientes de ajo
Nuez moscada
Sal
Pimienta picona picada (Cayena)

### El vino
Sírvase con un vino tinto con crianza de D.O. Tacoronte-Acentejo, de la variedad listán negro, o con un vino tinto con crianza en barrica de D.O. Cigales, elaborado con las variedades tinta del país y garnacha.

En una sartén se dora a fuego vivo la carne troceada y se reserva.

Por otro lado, en una cazuela, se hace un sofrito con las cebollas, los pimientos y los tomates sin piel ni pepitas. Una vez el sofrito esté avanzado, se junta con la carne, que debe estar dorada pero todavía bastante cruda, y se le incorpora el vino y el agua. Además se le añaden los seis dientes de ajo, que se habrán aplastado con un cuchillo, la nuez moscada y la pimienta picona. Todo este preparado se pone a fuego bajo para que hierva suavemente. El tiempo de cocción variará entre 15 y 20 minutos hasta obtener una salsa no muy espesa.

> A este guiso también se le puede incorporar medio puñado de uvas pasas y otro de aceitunas con hueso.

Cocina tradicional

# Postres y dulces

**Dificultad:** media
**Preparación:** 15 minutos
**Cocción:** 15 minutos

# Frangollo

### Ingredientes para 4-6 personas
*1,5 l de leche*
*1 corteza de limón*
*250 g de harina de maíz*
*3 huevos*
*100 g de azúcar*
*2 cucharadas de uvas pasas*
*2 cucharadas de almendra molida*
*1 cucharada de mantequilla*

### El vino
Acompañar de un vino blanco sin crianza en barrica con D.O. Abona, de la variedad listán blanco, o de un vino blanco joven con D.O. Málaga, de la variedad moscatel.

Se ponen en un cazo la leche y la corteza de limón. Cuando rompa a hervir, se retira la corteza, se baja el fuego al mínimo y se añade la harina de maíz poco a poco, removiendo sin parar hasta que espese. Una vez se tenga una mezcla uniforme, se incorporan las yemas batidas y cuando la masa las haya admitido se añaden el azúcar, las pasas, las almendras y una cucharada de mantequilla. Se sigue removiendo ya fuera del fuego. Por último se llenan cuencos individuales y se cubren con un chorrito de miel.

---

Se tiene que trabajar la mezcla en caliente, pero a temperatura baja, para que no se cuaje el huevo. Cuando se añada la cucharada de mantequilla, ésta debe estar líquida o con textura de pomada.

**Dificultad:** media
**Preparación:** 10 minutos
**Cocción:** 25 minutos

# Gericaya

**Ingredientes para 4 personas**
1 l de leche
8 yemas de huevo
100 g de azúcar
1 cucharada de canela en polvo
10 g de mantequilla

**El vino**
Servir con un vino blanco con crianza en barrica de D.O. La Palma, de las variedades bremajuelo y verijadiego, o con un vino blanco joven de D.O. Navarra, de la variedad moscatel de grano menudo.

Se bate en frío la leche con las yemas y el azúcar y se reserva. Se pinta con mantequilla semifundida el molde de una flanera y se precalienta el horno a temperatura media. Se llena el molde con el batido y se deja que cuaje en el horno durante 25 minutos. Se deja enfriar, se desmolda y se decora con la canela en polvo.

> Para saber si está en el punto de cocción correcto se pincha con una aguja gruesa. Si sale seca es que ya está cocida uniformemente.

**Dificultad:** media
**Preparación:** 15 minutos
**Cocción:** 10 minutos

# Buñuelos de plátano

**Ingredientes para 4 personas**

4 plátanos
50 g de azúcar
1 copa de ron añejo canario
Aceite de maíz para freír

**Para la pasta:**

250 g de harina
2 huevos
1 cucharadita de sal
1/2 tacita de aceite de oliva
1 vaso de leche
1 sobre de levadura

**El vino**

Acompañar de un vino blanco dulce, sin crianza en barrica, con D.O. Lanzarote, de la variedad malvasía, o de un vino blanco dulce, con poca crianza en barrica, con D.O. Alicante, de la variedad moscatel de Alejandría.

Se pelan y se cortan los plátanos en rodajas de 1 o 2 centímetros. Se colocan en una fuente, se espolvorean con azúcar, se riegan con el ron y se dejan en maceración unos 10 minutos. Paralelamente en un cuenco se prepara una pasta para rebozar mezclando la harina, los huevos, la leche, el aceite, la sal y la levadura. Se tapa y se deja en reposo mientras el plátano se macera.

Se calienta una cantidad de aceite de maíz suficiente para freír. Con la espumadera se toman trozos de plátano y se rebozan con la pasta reservada. Se fríen por tandas y se dejan sobre papel absorbente para que pierdan el exceso de aceite. Se colocan en la fuente de servicio y se espolvorean con azúcar.

> Los plátanos macho no se rompen al freírse con tanta facilidad, aunque su sabor es totalmente diferente.

**Dificultad:** media
**Preparación:** 30 minutos
**Cocción:** 10 minutos

# Tortitas de plátano

### Ingredientes para 4 personas
*1 kg de plátanos*
*125 g de azúcar*
*3 huevos*
*1 tacita de anís*
*El zumo de 1 limón*
*La ralladura de 1 limón*
*1 cucharadita de canela*
*Sal*
*1 taza de harina*
*Aceite para freír*
*Azúcar para espolvorear*

### El vino
Servir con un vino blanco sin crianza en barrica de D.O. Valle de Güimar, de la variedad malvasía, o con un vino blanco con crianza en barrica de D.O. Empordà-Costa Brava, de las variedades garnacha blanca y garnacha tinta.

Se baten las yemas de los huevos con la canela, el anís, la mitad del azúcar y la ralladura de limón. Se añaden los plátanos triturados y mezclados con el zumo de limón y se incorpora un poco de harina, la que admita.

Se montan las claras, que se tendrán bien frías, con un poco de sal y, cuando estén montadas, se añade el resto del azúcar poco a poco y se baten hasta que queden firmes. Se incorporan a la mezcla de las yemas y los plátanos.

En una sartén con aceite abundante y bien caliente, se fríe la masa resultante en porciones. Cuando estén listas, se dejan escurrir sobre papel absorbente. Se espolvorean con azúcar y canela y se sirven.

> Cuando se tomen las porciones para freír las tortitas, se utilizan dos cucharas y se mojan con aceite frío para que no se pegue la masa.

**Dificultad:** media
**Preparación:** 10 minutos
**Cocción:** 20 minutos

# Bienmesabe

### Ingredientes para 4 personas
40 g de azúcar
100 g de agua mineral
250 g de almendras tostadas y peladas
La ralladura de 1 limón
125 cl de vino malvasía dulce
4 yemas de huevo
1 cucharadita de canela

### El vino
Acompañar de un vino blanco dulce con crianza en barrica con D.O. Lanzarote, de la variedad malvasía, o de una mistela dulce con crianza en barrica con D.O. Montsant, elaborado con garnacha blanca.

Se prepara un almíbar mezclando en un cazo el agua y el azúcar. Se incorporan las almendras molidas o picadas bien finas y se dejan cocer a fuego suave removiendo continuamente. Pasados unos 10 minutos, se añaden la malvasía dulce, las yemas disueltas en un poco de leche, la ralladura de limón y la cucharadita de canela. Sin dejar de remover con una espátula de madera, se prosigue la cocción hasta conseguir una mezcla homogénea. Se sirve frío.

> Para el bienmesabe se utiliza una malvasía dulce de Canarias, con la que, además, se puede preparar un pudín con bizcochos remojados en malvasía y capas de bienmesabe.

*Dificultad:* media
*Preparación:* 30 minutos
*Cocción:* 20 minutos

# Marquesotes

**Ingredientes para 4 personas**
*6 huevos*
*500 g de azúcar*
*50 ml de aceite de oliva*
*75 g de leche*
*500 g de harina*
*Canela en polvo*
*La piel de 1 limón*
*Levadura*
*Mantequilla*

**Para el almíbar:**
*150 ml de agua*
*400 g de azúcar*

**El vino**
Acompañar de un vino blanco dulce sin crianza con D.O. El Hierro, de la variedad malvasía, o de un vino de mistela blanca con D.O. Montsant, de la variedad macabeo.

Se baten las claras a punto de nieve y se va añadiendo, sin dejar de batir, por este orden: el azúcar, el aceite, la leche, las seis yemas que se han reservado y la harina mezclada con la canela, la ralladura de un limón y la levadura.

Una vez conseguida la masa se vierte ésta en un molde de unos 25 cm de diámetro, previamente untado con mantequilla y harina, y se introduce en el horno 20 minutos a 170°.

Una vez cocido y frío se corta en trozos al gusto (rombos, cuadrados) y se baña con un almíbar espeso.

> Para conseguir que las claras monten bien, se añade una pizca de sal.

**Dificultad:** media
**Preparación:** 30 minutos
**Cocción:** 15 minutos

# Crema de papaya

### Ingredientes para 4 personas
*1 kg de papaya*
*250 g de azúcar*
*El zumo de 1 limón*
*4 huevos*
*350 g de nata líquida*
*80 g de azúcar*
*Sal*

### El vino
Acompañar de un vino blanco dulce con crianza con D.O. El Hierro, de las variedades bremajuelo y verijadiego, o de un vino blanco dulce de la D.O. Alicante, elaborado con la variedad moscatel de Alejandría.

Se pela y se corta la papaya en trocitos y se turbina en una batidora con el azúcar y el zumo de un limón. Se cuela el puré resultante para que quede lo más fino posible. Se coloca sobre una bandeja y se reserva en la nevera.

Mientras tanto, se prepara la crema y para ello se calienta la nata hasta el primer hervor y se retira del fuego. Una vez se haya templado se incorporan a ésta a los huevos, que previamente se habrán batido junto con el azúcar. Se pone otra vez la mezcla al fuego, sin dejar de remover con una cuchara de madera, hasta obtener un preparado con textura de natillas.

Una vez se hayan enfriado los dos preparados se mezclan con una espátula removiendo con delicadeza.

> Para conseguir una crema más homogénea, es preferible calentar el preparado de huevos, nata y azúcar al baño María.

**Dificultad:** baja
**Preparación:** 15 minutos
**Cocción:** 20 minutos

# Quesadillas

### Ingredientes para 4 personas

500 g de queso tierno
125 g de harina
2 yemas de huevo
250 g de azúcar
Canela molida
La ralladura de 1/2 limón

### El vino

Sírvase con un vino blanco dulce sin crianza de la D.O. Lanzarote, de la variedad malvasía, o con un vino blanco dulce sin crianza de la D.O. Montilla-Moriles, elaborado con la variedad pedro ximénez.

Se derrite en un recipiente el queso y se le añaden todos los demás ingredientes empezando por la harina.

Se mezcla bien el preparado hasta conseguir un resultado homogéneo.

Se vierte la masa en recipientes pequeños tipo flaneras que previamente se habrán encamisado. Se hornea entre 15 y 20 minutos a 160 °C.

> Si se desea obtener un sabor más aromático, se puede añadir al principio de la preparación un poco de matalahúva.

**Dificultad:** baja
**Preparación:** 15 minutos
**Cocción:** 40 minutos

# Leche asada

**Ingredientes para 4 personas**
*5 huevos*
*750 ml de leche*
*Ralladura de 1/2 limón*
*150 g de azúcar*
*Canela molida*

### El vino

Acompañar con un vino blanco dulce sin crianza de D.O. Ycoden-Daute-Isora, de la variedad listán blanco, o con un vino blanco dulce sin crianza de la D.O. Penedès, de la variedad riesling.

Se baten bien los huevos y se mezclan con la leche. A esta mezcla se le añade la ralladura de limón, la canela y el azúcar. Se pone este preparado en una bandeja que irá al horno a fuego suave (entre 130 y 140 °C). Transcurridos 30 o 40 minutos la leche asada estará dorada.

Si se elabora este postre con limón verde queda mucho más sabroso y aromático.

**Dificultad:** media
**Preparación:** 5 minutos
**Cocción:** 10 minutos

# Huevos moles

**Ingredientes para 4 personas**

*5 yemas de huevo*
*300 g de azúcar*
*500 ml de agua*

### El vino

Acompañar de un vino tinto dulce con crianza con D.O. Tacoronte-Acentejo, de la variedad negramoll, o de un vino blanco dulce de la D.O. Empordà-Costa Brava elaborado con las variedades garnacha blanca y garnacha tinta.

Se hace un almíbar con el azúcar y el agua. Por otro lado se baten las yemas y se va incorporando el almíbar poco a poco de forma que se vaya mezclando homogéneamente. Una vez bien ligada la mezcla se pasa el huevo mole a unos vasitos y se meten en la nevera.

> Se debe vigilar la temperatura a la que se incorpora el almíbar a las yemas, ya que si ésta es excesiva se puede coagular la yema y echar a perder el postre.

**Dificultad:** media
**Preparación:** 15 minutos
**Cocción:** 30 minutos

# Arroz con miel

**Ingredientes para 4 personas**
*200 g de arroz*
*100 g de azúcar*
*120 g de leche*
*Canela molida*
*3 huevos*
*Anís*
*Agua*

### El vino

Servir con un vino blanco dulce con crianza de D.O. Valle de la Orotava, de la variedad listán blanco, o con un vino blanco dulce con crianza de la D.O. Málaga de la variedad moscatel de Alejandría.

Se pone a hervir el arroz con el doble de agua y se lleva a ebullición junto con el azúcar. Se deja hirviendo suave hasta que esté listo el arroz, unos 15 minutos. Se aparta del fuego y se le incorpora la leche y un poco de canela. Mientras este preparado se enfría, se baten los huevos, agregándoles un chorrito de anís, y se incorporan a la mezcla anterior.

El resultado de esta mezcla se pone en un molde con los fondos y paredes interiores laminados por un baño de almíbar. Después se introduce el molde en el horno suave durante unos 15 minutos para que se dore ligeramente.

> Este postre se sirve frío y se puede regar con una generosa dosis de miel.

**Kiko Casals**
Restaurante Anthuriun

Nació en Las Palmas de Gran Canaria en 1969 y se aficionó a la cocina desde niño. Estudió cocina en la escuela Hofmann y completó dicha formación con diversos *stages* y seminarios.
En 1993 llegó al restaurante Anthuriun, en el que no ha parado de cosechar éxitos. Un reconocimiento que ha saboreado temprano, gracias a galardones como el Premio Nacional de Gastronomía que obtuvo en el 2001.

# Cocina de autor

**Carlos Gamonal Jr.**
Restaurante El Drago

Vino al mundo en 1972 en Santa Cruz de Tenerife. Sus grandes dotes culinarias se las transmitió su padre, así como su profundo amor por la cocina canaria que, unido a su talento como empresario, le han llevado a ser mucho más que una joven promesa de la cocina. Actualmente Carlos dirige con gran acierto los fogones del restaurante mesón El Drago, el cual ostenta con orgullo una estrella Michelin desde el año 2000.

**José González**
Restaurante El Cucharón

Comenzó su andadura como cocinero en un restaurante familiar en el sur de Las Palmas, donde trabajó con su madre durante más de 10 años. Siguiendo los pasos de su familia, en 1997 abrió su propio restaurante al que llamó El Cucharón, por su preferencia por los platos de cuchara. Como jefe de cocina de este local, ha logrado dar a conocer a cocina tradicional canaria, elaborada con cierto toque de modernidad.

**Jesús Pelegrín**
Restaurante Mamma Tina

Nació en 1948 en las Palmas de Gran Canarias y descubrió el maravilloso mundo de la cocina a través de los platos de su madre. Autodidacta convencido, todo lo que sabe lo ha ido aprendiendo a través de los fogones de este restaurante familiar, con más de 24 años de historia. Hoy, gracias a su tesón, disciplina y maestría, es uno de los máximos referentes de la nueva cocina canaria.

Kiko Casals

## Potaje cremoso de berros al *foie-gras* de pato con sus condimentos crudos y crujientes

**Ingredientes para 4 personas**
*4 escalopes de* foie
*1 cucharada de aceite*
*Sal Maldon*
*Berros crudos*
*100 g de habichuelas hervidas a la inglesa*

**Para los *chips* de bacón:**
*4 lonchas de bacón*

**Para la crema de potaje de berros:**
*50 g de grasa de pato*
*1 cebolla pequeña émincée*
*4 dientes de ajo picados*
*90 g de* foie-gras *de pato*
*2 l de fondo de ave*
*1/2 kg de berros*
*1 kg de papas*
*200 g de habichuelas*
*1 pizca de comino*
*1 pizca de pimentón dulce*
*Sal*
*Pimienta molida*

**Para el puré de batata:**
*200 g de batatas amarillas*

### El vino

Acompañar de un vino tinto con crianza en barrica, moderno, con buena madurez, con D.O. Tacoronte-Acentejo, de la variedad listán negro con un poco de negramoll, o de un tinto moderno, con crianza, con D.O. Jumilla, de la variedad monastrell.

**La crema de potaje de berros:** Se rehogan en aceite la cebolla y los ajos y se riegan con fondo. Se añaden las habichuelas, los berros y las *papas*. Se condimenta con la sal, el pimentón dulce, el comino y la pimienta. Se hierve por espacio de 1 hora y se va espumando. Se tritura y se liga con la grasa de pato. Se pasa por el chino y se reserva.

**Los *chips* de bacón:** Se colocan las lonchas de bacón sobre un silpat y se hornean a 150° durante 10 minutos.

**El puré de batata:** Se cuece la batata al horno envuelta en platina (papel de plata) a 180°. Se tritura la pulpa en la Thermomix y se reserva.

**Presentación:** En el centro del plato de servicio caliente se monta un *bouquet* con el puré de batata dulce caliente, las habichuelas templadas, el *chip* de bacón, los berros crudos y el escalope de *foie*. Se sirve aparte en jarrita la crema de potaje de berros muy caliente.

## Kiko Casals

# Ropa vieja de *confit* de pato con *papas* asadas y puré de garbanzos al jugo de rabo de buey

**Ingredientes para 4 personas**
**Para la ropa vieja:**
400 g (100 g por ración) de confit *de pato sin piel y desmigado*
250 ml de jugo de rabo de buey
Sésamo tostado

**Para las *papas* asadas:**
250 g de papas *nuevas con piel cortadas en rodajas de 1/2 cm de grosor*
80 g de mantequilla
Flor de sal
Pimienta molida
1 cabeza de ajos
2 cucharadas de aceite de oliva virgen

**Para el puré:**
300 g de garbanzos cocidos
7 dientes de ajo sin germen en émincée
80 g de aceite de oliva virgen
Sal
Pimienta molida
200 g de nata líquida
50 g de crema de leche
100 ml de jugo de rabo de buey

### El vino
Sírvase con un vino tinto, con breve paso por barrica, con D.O. Monte Lentiscal, de la variedad listán negro, o con un tinto criado en barrica de D.O. Navarra, elaborado con las variedades tempranillo, cabernet y merlot.

**El *confit:*** Se calienta ligeramente la carne de *confit* con una cucharada de salsa.

**Las *papas* asadas:** Se lavan las *papas* para quitarles el almidón, se saltean en aceite y se colocan en una bandeja con la mantequilla, los ajos y el aceite. Se salan y se hornean a 180º de 25 a 30 minutos. Por último se rocían con su propia grasa. Antes de servir, se calientan 3 minutos en el horno a 160º.

**El puré de garbanzos:** Se rehogan los ajos en aceite. Se saltean los garbanzos ligeramente con los ajos, se salpimentan y se mezclan con la nata, la crema de leche y el jugo de rabo. Se trituran y se pasan por el chino. Antes de servir el plato, se calienta.

**El jugo de rabo de buey:** Se liga y se monta con mantequilla el jugo de rabo de buey.

**Presentación:** Con un aro, se coloca una base de *confit* bien glaseada y caliente. Encima, el puré de garbanzos, y se cubre con las rodajas de *papas* en pirámide. Se salsea la superficie con el jugo de rabo de buey y se hace un cordón alrededor. Por último se espolvorea con sésamo tostado.

Kiko Casals

# Salteado de *papas arrugás* con ensalada de canónigos, langostinos y crujiente de Jabugo

**Ingredientes para 4 personas**
**Para las *papas arrugás*:**
1/2 kg de papas negras
40 g de sal gruesa
10 g de sal fina
Agua

**Para el mojo picón:**
300 g de aceite de oliva virgen
1 cucharadita de cominos
9 ajos sin germen
2 cucharadas de pimentón
50 g de vinagre de Jerez
4 guindillas
1 pimienta quemona
Sal
Pimienta molida

**Para el acompañamiento:**
1 cucharada de aceite de girasol
4 bouquets de canónigos recién lavados y secos
8 colas de langostinos pelados, sin intestino y con incisión hasta un tercio
Flor de sal
4 lonchas de jamón de Jabugo

### El vino
Acompañar de un vino tinto joven, de maceración carbónica, con D.O. Gran Canaria, de la variedad listán negro, o de un Oloroso seco no muy viejo, con crianza en barrica, de D.O. Jerez-Xérès-Sherry, de las variedades palomino y pedro ximénez.

**Las *papas arrugás*:** Se lavan las *papas* sin pelar y se colocan en una cacerola, se añade la sal gruesa y se cubren con agua. Se llevan al fuego y, cuando rompa el hervor, se baja el fuego. Se hierven hasta que estén cocidas. Entonces, se elimina el agua sobrante y se añade el resto de sal fina (10 gramos). Para arrugarlas, se agita suavemente la cacerola para que las *papas* se resequen y eliminen el exceso de sal.

**El mojo:** Se escaldan los ajos en tres aguas y se refrescan. Se mezclan en seco con el comino, el pimentón, la guindilla, la pimienta quemona, la sal y la pimienta y se trabajan en el mortero. Se añade el aceite poco a poco para ir ligando un poco el mojo. Se incorpora el vinagre y se reserva. Antes de servir el plato, se parten las *papas* por la mitad, se saltean en la sartén con unas gotas de aceite por la parte cortada, se riegan con el mojo y se saltean un poco más.

**El acompañamiento:** Se saltea el Jabugo en la sartén con unas gotas de aceite y se reserva en caliente. En la misma sartén se saltean ligeramente los langostinos.

**Presentación:** Se colocan en el centro del plato las *papas arrugás* y encima la ensalada de canónigos. Se aliña ligeramente la ensalada con el mojo. Se colocan al lado el Jabugo y los langostinos salados y se refresca.

# Copita de crema de bienmesabe con granizado de leche merengada

Kiko Casals

**Ingredientes para 4 personas**
**Para la crema de bienmesabe:**
*250 g de almendras peladas*
*375 g de azúcar*
*250 g de agua*
*4 yemas de huevo*
*Piel de 1/2 limón rallada*
*Una pizca de canela en polvo*
*300 g de crema de leche*

**Para el granizado de leche merengada:**
*250 g de leche*
*25 g de azúcar*
*1 rama de vainilla*
*La piel de 1/2 limón*
*1/2 rama de canela*

**Otros:**
*Crujiente de cacao*
*Cacao en polvo*

### El vino

Sírvase con una copita de vino dulce, criado en barrica, con D.O. La Palma, de la variedad malvasía, o con un vino dulce con botrytis, de vendimia tardía, con D.O. Penedès, elaborado con la variedad macabeo.

**La crema de bienmesabe:** Se mezclan el agua y el azúcar y se hace un almíbar. Se muelen las almendras y se añaden al almíbar con la canela y la ralladura de limón. Se cuece la mezcla a fuego lento, removiendo hasta que espese. Se enfría y se incorporan las yemas batidas. Se lleva al fuego, removiendo, y se deja hasta que hierva. Se añade crema de leche y se deja enfriar. Se reserva en la nevera.

**El granizado de leche merengada:** Se mezcla la leche con el azúcar, la vainilla, la canela y la piel de limón. Se hierve 5 minutos y se deja en infusión fuera del fuego 20 minutos. Se cuela y se deja enfriar. Por último se congela.

**Presentación:** Se llena un tercio de una copa de flauta con la crema de bienmesabe, y los dos tercios restantes con granizado de leche merengada. Se espolvorea con cacao en polvo y se remata con crujiente de cacao.

## Barquillo de gofio relleno de *mousse* de majorero con salteado de frutas rojas a la pimienta y helado de coco

Kiko Casals

**Ingredientes para 4 personas**
Para el barquillo:
*120 g de mantequilla*
*300 g de zumo de naranja*
*400 g de azúcar*
*200 g de gofio*

Para el *mousse* de majorero:
*1 l de crema de leche*
*200 g de majorero curado*
*50 g de azúcar*

Para el helado de coco:
*1 l de leche*
*250 g de coco rallado*
*8 yemas*
*800 g de leche de coco*
*200 g de crema de leche*
*200 g de azúcar*

Para el salteado de frutos rojos:
*50 g de frambuesas*
*50 g de grosellas*
*50 g de moras*
*200 g de fresas*
*125 g de mantequilla*
*1 cucharadita de pimienta blanca molida*
*40 g de azúcar*

*Puntas de hierbahuerto para refrescar*

**El barquillo:** Se mezclan bien con el Turmix el zumo de naranja, el azúcar, el gofio y la mantequilla con textura de pomada. Se deja reposar la mezcla 12 horas en la nevera.

Se forman rectángulos y se colocan en una placa sobre silpat. Se hornean a 150° unos 8 minutos. Al salir del horno, y en caliente, se les da forma de barquillos y se reservan en lugar seco.

**El *mousse* de majorero:** Se calienta la crema de leche y el azúcar. Fuera del fuego se le añade majorero rallado y se remueve bien hasta que se incorpore totalmente. Se enfría y después se deja reposar en la nevera 12 horas. Al cabo de ese tiempo se monta.

**El helado:** Se calienta la leche, se hace una infusión con coco rallado (se deja 20 minutos). Se cuela y se reservan cuatro cucharadas. Se vuelve a calentar la leche.

Se blanquean las yemas con el azúcar, se les añade leche caliente y se lleva la mezcla al fuego. Se trabaja como una crema inglesa. Fuera del fuego se añaden las cuatro cucharadas de infusión de coco rallado, la leche de coco y la crema. Se enfría. Se deja reposar la mezcla 12 horas en la nevera y se pasa por la sorbetera.

*sigue en página siguiente*

### El vino

Acompañar de un vino blanco dulce con crianza en barrica con D.O. Lanzarote, de la variedad malvasía, o de un vino dulce, con breve crianza, con D.O. Jerez-Xérès-Sherry, elaborado con la variedad pedro ximénez.

**El salteado de frutos rojos:** Se saltean los frutos rojos en mantequilla y azúcar. Se les añade pimienta y se reservan al tibio.

**Presentación:** Se coloca el barquillo relleno del *mousse* de majorero, a su lado una *quenelle* de helado de coco y el salteado de frutos rojos. Se refresca con una punta de hierbahuerto.

## Carlos Gamonal Jr.

## Vieiras con malas hierbas sobre salsa sólida de setas a la provenzal y crema de almendras

**Ingredientes para una persona**
*80 g de vieiras (la carne)*

**Para las malas hierbas (nombre científico):**
*Rumex alpin
Nasturtium officinale
Chenopodium album
Brassica nigra
Amaranthus retroflexus
Atriplex patula
Aceite de semillas*

**Para la salsa sólida de setas a la provenzal:**
*Boletus edulis o russulas
Tomates deshidratados
Boletus edulis salteados y deshidratados
Tomillo fresco
Perejil fresco
Verdolaga fresca (las hojas suculentas)
Costrón de pan frito en aceite de ajos
Yema de huevo duro cocida*

**Para la crema de almendras (rendimiento 30 raciones):**
*200 g de almendras crudas peladas
300 ml de vino blanco seco
200 ml aceite de semillas aromatizado con setas
200 ml de agua mineral
Sal*

**Para las vieiras:** Al llegar las vieiras del mercado se limpian y se envasan al vacío 98%, sin añadir nada más, ni sal ni grasas. Se congelan rápidamente para conservar un frescor óptimo.

En el momento del uso se descongelan en agua tibia primero y luego se cocinan al baño María a 60 °C durante 5 minutos. Se abre la bolsa y se recupera el jugo que habrá soltado la vieira en esta primera cocción.

Se dora a la plancha o en una sartén antiadherente por una cara solamente en el momento de servir.

**Para la salsa que acompaña la vieira:** Se mezcla en un cazo de cobre pequeño: los jugos que han soltado las vieiras con la primera cocción en la bolsa al vacío y la misma cantidad en volumen de la crema de almendra. Se reduce al fuego hasta que se obtenga textura de salsa.

Se cuela y se presenta en una pequeña jarra para que la salsa se sirva aparte, acompañando el plato en la mesa.

**Para las malas hierbas:** Se deshojan las hierbas y se mezclan. Es importante que de *chenopodium album* haya al menos un 40% del total de hierbas. En una ensaladera se aliñan con aceite de semillas y se salpimentan. Una vez aliñadas se saltean en un caldero amplio como si fueran unas espinacas. Se reservan.

*sigue en página siguiente*

### El vino

Sírvase con un vino blanco fermentado en barrica de D.O. Tacoronte-Acentejo, elaborado con la variedad listán blanca, o con un blanco fermentado en barrica de D.O. Rueda, de la variedad verdejo.

**Para la salsa sólida de setas a la provenzal:** Se limpian y cocinan las setas a la provenzal. Se deshidratan por completo y se pasan por una picadora o por la Thermomix. Se dispone este polvo de setas en un salero o similar.

Se deshidratan los tomates y se rayan con un rayador americano o similar. Se dispone este tomate en polvo en otro salero.

**Presentación:** En un plato amplio y con la ayuda del rayador americano se raya la yema de huevo cubriendo todo el plato. Se espolvorea de igual manera el fondo del plato con el perejil y el tomillo. Se corta una hoja de verdolaga por plato que se vaya a preparar, muy finamente, y se ponen ocho o diez finas láminas en total, distribuidas informalmente por todo el plato. Se rayan dos costrones de pan fritos en aceite de ajo. Se espolvorea entonces una pizca de polvo de aceitunas deshidratadas y por último el polvo de setas provenzal deshidratadas y el polvo de tomate deshidratado.

Se limpian los bordes del plato, quedando éste listo con la salsa sólida de setas a la provenzal. Encima de ese plato decorado con las salsas sólidas se ponen las vieiras salteadas y encima las malas hierbas salteadas. Antes de servir se calienta todo el plato durante 1 minuto en la salamandra y se acompaña el plato con la salsa de almendras en una jarra aparte.

## Bacalao con "golosinas", col de puchero, salsa de setas al ajo y limón, y guarnición de gofio 2005

Carlos Gamonal Jr.

### Ingredientes para una persona
*150 g de lomo de bacalao desalado*
*100 ml de aceite de confitar setas*
*2 hojas de limonero*
*1 grano de pimienta negra*

### Para la golosina n.º 1:
*Fruta seleccionada: piña escarchada*
*1 kg de fruta escarchada (rendimiento 100 raciones)*
*200 ml de zumo de limon amarillo*
*200 ml de aceite de oliva de freír ajos*
*50 g de jarabe neutro*
*4 ramas de romero deshojado*
*5 g de sal fina*
*5 cáscaras de limón*

### Para la golosina de plátanos:
*Para 10 plátanos (rendimiento para 50 raciones aproximadamente):*
*25 g de mojo rojo tradicional canario*
*25 g de vinagre de manzana*
*25 g de jarabe neutro*
*50 g de pieles de manzana Granny Smith*
*1 g de comino en grano*

**Para el bacalao:** Una vez cortadas las raciones que se vayan a cocinar, se ponen encima y debajo de cada trozo de bacalao una hoja de limonero.

Se pone cada ración dentro de una bolsa de vacío junto con el aceite y el grano de pimienta.

Se termosellan aplicando a cada bolsa un vacío del 96%.

Se cuece el bacalao al baño María con el agua a una temperatura de 70 ºC durante un tiempo que oscile entre los 15 y los 20 minutos.

**Para la fruta escarchada:** De la misma forma que el bacalao salado se pone en remojo para quitarle la sal, se pone la fruta escarchada en remojo para quitarle el azúcar y se usa el limón (ácido cítrico) para corregir el exceso de azúcar.

Se humedece la piña escarchada para cortarla mejor y se corta en cuadrados simétricos.

Se pone en abundante agua en remojo cambiando el agua varias veces. El agua de remojo debe tener una temperatura más o menos de 50 ºC.

Se escurre por completo y se mezcla con los demás ingredientes dejando marinar en la nevera hasta el momento de uso.

*sigue en página siguiente*

Para la salsa de setas al ajo y limón (rendimiento para 10 raciones):

*750 ml de jugo de limón*
*500 ml de jarabe neutro con glucosa (20% de glucosa)*
*1 litro de caldo de setas* (boletus edulis) *muy concentrado*
*200 g de ajos*
*500 g de perejil picado*
*500 ml de aceite de oliva Dauro*
*1 unidad de pimienta verde (guindilla verde)*
*Fécula de maíz (opcional)*

Para la guarnición de plátano Drago 2005 (rendimiento para 4 raciones):

*4 plátanos canarios maduros*
*100 g de cebolla roja*
*20 g de mojo rojo de pimienta palmera*
*1 sobre de levadura química*
*10 ml de vinagre agridulce*
*100 ml de aceite de oliva*
*100 g de gofio de trigo*
*50 g de gofio de millo*
*1 g de mejorana fresca*
*1 g de tomillo*
*Sal*

Para la col recocida:

*200 g de col cruda por ración*
*Caldo de cocinar puchero canario*
*Aceite de confitar el bacalao*
*Limón*
*Perejil picado*

**Para las golosinas de plátanos:** En una bolsa al vacío de cocción grande se pone la pasta de mojo rojo, los cominos en grano, el jarabe y por último las cáscaras de manzana.

Se pelan los plátanos y se ponen dentro de la bolsa justo encima de las pieles. Se termosella con un vacío del 98% y se cuece al baño María con una temperatura controlada de entre 70 y 80 ºC durante tres horas o más. Con extremo cuidado se enfría la bolsa en agua helada.

**Nota del autor a la salsa:** Esta salsa es extremadamente fuerte de sabor. El marcado sabor a limón, setas y ajo frito sirven de corrector para los otros ingredientes del plato que son dulces.

**Para la salsa:** Lo primero que se necesita es cocinar el caldo concentrado de setas. Para ello se pueden usar los restos de limpiar setas (preferiblemente *boletus aereus, edulis* o *sillius*). Se cuecen los restos con abundante agua y se dejan reducir a fuego medio hasta obtener un caldo concentrado. Se cuelan y se vuelven a poner al fuego. Se añaden entonces el jarabe y el jugo de limón al mismo caldero y se continúa la cocción.

Por otro lado, se pican los ajos finamente y se fríen en el aceite de oliva. Cuando los ajos se empiezan a dorar, se ponen en el caldero del concentrado de setas. Se deja que continúe la cocción dejando reducir hasta obtener poco más de 1 litro de salsa. Se rectifica de azúcar o de jugo de limón y si se requiere se puede usar fécula de maíz para espesar. El perejil se añade en el último momento, justo cuando se vaya a finalizar la cocción. Se enfría rápidamente y se recalienta en el momento de usar.

### El vino

Acompañar de un vino blanco con D.O. Ycoden-Daute-Isora, elaborado con la variedad marmajuelo, o de un blanco fermentado en barrica de la Tierra de Castilla, de la variedad viognier.

**La guarnición de plátano:** Se pica la cebolla y se sofríe en el aceite con los plátanos picados toscamente. Cuando estén bien fritos se añade el mojo mezclando todo el conjunto. Se añade el resto de los ingredientes y se mezclar a fuego medio hasta que se forme una masa compacta que se desprenda del caldero con facilidad. En caso necesario se puede añadir más aceite. Se forman bolas o cuadrados con esta pasta y, en el momento de recalentar para el servicio, cada bola se unta con mojo rojo diluido en agua, calentandose en horno a temperatura superior a los 150 ºC.

**Para la col:** Se cuece la col, se cuela y se pica toscamente. En un caldero antiadherente se pone la col ya picada y se moja con aceite de confitar bacalao y unas cucharadas de jugo de limón por cada ración que se esté preparando. Se cocina a fuego lento removiendo y dejando que se vuelva a cocer quedando lo más seca posible. Se escurren los exesos de grasa de ser necesario. Se añade un poco de perejil picado en el momento de servir. Se rectifica de sal.

**Presentación:** En el fondo del plato se dispone la col y la salsa. Encima de la col se pone el bacalao y al lado la guarnicicón de gofio 2005 junto a las golosinas. Se calienta el conjunto en la salamandra antes de servir.

Carlos Gamonal Jr.

# Canutillo de ron con miel

### Ingredientes para 4 personas

*20 canutillos de pasta filo caramelizados a la miel de brezo o castaño*
*50 g de uvas de Corinto*
*1 copita de ron miel*

### Para el almogrote:

*300 g de quesos canarios semicurados de cabra*
*20 g de aceite de oliva virgen*
*100 g de queso fresco de cabra*
*1/2 ajo rayado*
*1 cucharada de pulpa de tomate*
*1 cucharada de miel oscura (de brezo o castaño)*
*2 cucharaditas de pimentón dulce*
*Sal de escamas*
*Cayena molida*

### El vino

Sírvase con un vino blanco dulce, envejecido en barrica, de D.O. Lanzarote, de la variedad malvasía, o con un vino tinto dulce, con crianza en barrica, de D.O. Tacoronte-Acentejo, de la variedad listán negro, o con una copita de ron con miel canario.

**Para el almogrote:** Se rayan los quesos y se mezclan con el aceite, el ajo, el tomate, la miel, el pimentón, la sal y la cayena. Se trabaja la mezcla hasta conseguir una masa lisa y homogénea. Para que el resultado sea mejor, se puede pasar el almogrote por la Thermomix (a máxima velocidad, 3 minutos), de forma que se consigue así una textura más suave.

**Presentación:** En el momento de servir, se rellenan los canutillos con el almogrote y se termina el aperitivo colocando unas uvas pasas maceradas en ron miel en cada extremo de los mismos.

Carlos Gamonal Jr.

# Frutas bañadas en miel de palma con granizado de malvasía

**Ingredientes para 4 personas**
**Para la fruta:**
1 plátano de Canarias (variedad enano)
2 mangas pasteleras
1 piña herreña
4 parchitas gomeras
4 guayabos de Tenerife
2 pitangas
100 g de frutos rojos (moras, fresas, frambuesas...)
Pieles de naranja confitada

**Para el jugo de miel y parchita:**
2 cucharadas de miel de palma (guarapo cocido)
1 cucharada de jugo de parchita (fruta típica canaria)

**Para el granizado:**
500 g de vino dulce malvasía
100 g de agua natural sin gas
30 g de miel de tajinaste

## El vino

Sírvase con un vino blanco dulce, fermentado en barrica, de D.O. La Palma, de la variedad malvasía, o con un vino dulce de D.O. Valle de Güimar, elaborado con malvasía.

**El granizado:** Se calienta el agua con la miel hasta que se disuelva completamente. Se aparta del fuego, se atempera y se añade el vino malvasía. Se congela en distintas bandejas hasta su utilización.

Para conseguir el granizado se rasca con una cuchara.

**La fruta:** Se corta cada fruta con formas distintas y se bañan ligeramente en miel de palma. Se puede rebajar el dulzor de la miel con un poco de jugo de parchita, pero es opcional.

**Presentación:** Se reparten las frutas en copas y en el momento de servir se añade una nube de granizado de malvasía.

# Ensalada de queso de cabra con vinagreta de yogur

José González

**Ingredientes para 4 personas**
*1 porción de queso de cabra*
*1 yogur natural*
*Aceite al gusto*
*Vinagre al gusto*
*Sal*
*Pimienta*
*Lechuga de 3 o 4 tipos (trocadero, lollo rosa, escarola rizada)*

## El vino

Acompañar de un vino tinto con crianza en barrica maduro con D.O. Tacoronte-Acentejo, elaborado con las variedades listán negro y negramoll, o de un tinto maduro con D.O. Ribera del Guadiana, de la variedad tempranillo.

Se prepara una vinagreta con el yogur, el aceite, la sal, el vinagre y la pimienta. Se le añade a las lechugas.

Se gratina una porción de queso de cabra y un momento antes de servir se coloca encima de la ensalada.

### José González | Leche asada

**Ingredientes para 4 personas**
1 l de leche
1 palito de canela
1 piel de limón
10 yemas
3 huevos enteros
1 cucharada de mantequilla
200 g de azúcar
Canela en polvo

**El vino**
Sírvase con un vino dulce, con crianza en barrica, de D.O. El Hierro, de las variedades bremajuelo y verijadiego, o con un vino blanco dulce joven de D.O. Málaga, de la variedad moscatel de grano menudo.

Se hierve la leche con el palito de canela y la cáscara de limón y se deja enfriar. En un recipiente se baten las yemas, los huevos enteros y el azúcar hasta que la mezcla esté espumosa; se añade poco a poco la leche previamente colada, se va removiendo y se prueba cómo está de azúcar.

Se vierte la crema en un molde untado con mantequilla, se espolvorea con la canela y se introduce en el horno a temperatura moderada durante unos 45 minutos (cuando se pincha con la punta de un cuchillo y ésta sale limpia, entonces está lista). Se sirve fría.

# Milhojas de agriote con sabayón de marisco

José González

**Ingredientes para 4 personas**
**Para el agriote:**
*1 filete de agriote (o merluza)*
*Aguacate cortado en juliana*
*Mango cortado en juliana*
*Sal al gusto*

**Para el milhojas:**
*200 g de pasta* brick
*2 vasos de aceite de oliva*

**Para el** *fumet*:
*1/2 cebolla*
*1/2 pimiento*
*1 tomate*
*Unas ramitas de cilantro*
*Espina y cabeza del pescado*
*Sal gorda*

**Para la salsa americana:**
*100 g de cabezas de bogavante o langostino*
*4 chalotas*
*1 puerro*
*1 pimiento rojo*
*2 dientes de ajo*
*1 copa de coñac para flambear*
*1 vaso de vino blanco*
*1 cucharada de azúcar*
*1 hoja de laurel*
*1 cucharadita de pimentón*
*Sal fina al gusto*
*1/2 litro de* fumet

**Para el sabayón:**
*6 yemas de huevo*
*1 vaso de salsa americana*

### El vino
Acompañar de un vino blanco joven, de buena acidez, con D.O. Ycoden-Daute-Isora, de la variedad marmajuelo, o de un vino blanco sin crianza en barrica pero maduro con D.O. Rías Baixas de la variedad albariño.

**El agriote:** Se sazona el agriote al gusto y se corta en rodajas. Se introduce en el horno durante 5 minutos y se reserva.

Se fríen el aguacate y el mango y se reservan.

**El milhojas:** Se cortan cuatro redondeles de pasta *brick* y se fríen en dos vasos de aceite de oliva, se extraen, se dejan escurrir en un papel secante y se reservan.

**El** *fumet*: Se doran en una cazuela la cebolla, el tomate y el pimiento. Se añaden el cilantro, el pescado y el agua y se deja hervir hasta obtener un sabroso caldo de pescado. Se sazona con sal gorda.

**La salsa americana:** Se pican menudas las chalotas, el puerro, los dos dientes de ajo y el pimiento y se dora todo en un caldero. Cuando esté pochado, se añaden el azúcar, el laurel, el pimentón, las cabezas de marisco, la copa de coñac, el vino blanco y medio litro de *fumet*. Se deja reducir todo, se sazona, se tritura y se pasa por un tamiz o colador.

**El sabayón:** Se ponen en un caldero al baño María las seis yemas de huevo, se añade medio vaso de salsa americana y se remueve en el fuego hasta que espese.

**Presentación:** En un plato se coloca una hoja de pasta *brick* previamente frita, encima dos cucharadas soperas de sabayón, una porción de agriote desmenuzado y tiras de aguacate y mango frito, otra rodaja de pasta *brick* y así sucesivamente hasta terminar el milhojas.

José González | # Ropa vieja

**Ingredientes para 4 personas**
**Para el caldo:**
*1 kg de lomo o costilla de res*
*1 kg de garbanzos*
*1 cebolla*
*1 cabeza de ajos*
*1 tomate*
*1 rama de apio*
*Sal al gusto*

**Para la carne:**
*2 cebollas*
*1 pimiento rojo*
*1 pimiento verde*
*3 dientes de ajo*
*100 g de chorizo*
*100 g de bacón*
*1 hoja de laurel*
*1 rama de tomillo*
*1 copa de vino blanco*
*4 papas*

### El vino

Acompañar de un vino tinto con crianza en barrica de D.O. Tacoronte-Acentejo, de la variedad listán negro, o de un vino tinto crianza, de corte tradicional y maduro, con D.O.Ca. Rioja, elaborado con las variedades tempranillo, graciano, mazuelo y garnacha.

**El caldo:** Se prepara un caldo de carne con el lomo, los garbanzos, la cebolla, los ajos, el tomate y el apio. Se sazona, se escurre y se reservan en una cazuela los garbanzos y la carne previamente desmenuzada.

**La carne:** Se prepara un sofrito con dos cebollas, un pimiento verde, un pimiento rojo y tres dientes de ajo. Cuando las cebollas estén doradas, se añaden el bacón y el chorizo cortados en dados pequeños. A continuación se agregan al sofrito una copa de vino blanco, tomillo y laurel. Se incorpora el sofrito a la cazuela con la carne y los garbanzos, se prueba de sal y se deja cocer a fuego lento durante 15 minutos. Se sirve con *papas* doradas.

## José González | *Mousse* de gofio

### Ingredientes para 4 personas
*1 l de nata fresca para montar*
*6 cucharadas de gofio para bebé*
*1 lata de leche condensada*
*1 copita de ron blanco*
*9 láminas de gelatina*
*6 huevos*

### El vino
Acompañar de un vino dulce de licor, criado en barrica, con D.O. Tacoronte-Acentejo, de la variedad listán negro, o de un cava dulce gran reserva, elaborado con las variedades xarel·lo, parellada y macabeo.

Se introducen las láminas de gelatina en agua hasta que queden muy blandas. En ese momento se le quita el agua, se le incorpora un poco de nata previamente montada y se reserva. Al resto de la nata se le añaden las yemas de los huevos removiendo suavemente con un batidor y se reserva también.

En un cazo pequeño se colocan el gofio, la leche condensada y un chorro de ron removiendo enérgicamente con una cuchara. Se pone la gelatina a fuego lento hasta que se disuelva por completo; entonces se añade al cazo con el gofio, la leche condensada y el ron, sin dejar de remover. Se agrega seguidamente la nata con las yemas. Por último se montan las claras y se incorporan con suavidad y de arriba abajo a la mezcla anterior. Se remueve y se deja enfriar en la nevera unas horas antes de servir.

Jesús Pelegrín

# Huevas con mozzarella

**Ingredientes para 4 personas**
*400 g de mozzarella*
*4 cucharadas de salsa de soja*
*4 cucharadas de aceite de avellana*
*Sal gris*
*Pimienta negra*
*16 hojas de cilantro fresco*
*4 rodajas de rábano confitado al azafrán*
*100 g de huevas de langosta*
*100 g de huevas de arenque*

### El vino

Sírvase con un vino blanco joven de D.O. Condado de Huelva, de la variedad zalema, o con una manzanilla con D.O. Jerez-Xérès-Sherry, de la variedad palomino.

Se cortan cuatro rodajas por persona de *mozzarella*, desechando las puntas de las rodajas de los extremos, con el fin de que se mantengan bien en horizontal sobre el plato. Se salpimentan y se riegan con unas gotas de salsa de soja y de aceite.

Se cubren las rodajas con una hoja o dos de cilantro y encima se coloca una rodaja fina de rábano.

Se cubren dos rodajas con huevas de langosta y otras dos con otro tipo de huevas, por ejemplo de arenque.

### Jesús Pelegrín | *Crostini* de cerdo con batata

**Ingredientes para 4 personas**
*1 kg de batatas*
*400 g de secretos de cerdo ibérico*
*125 g de azúcar*
*1 copita de anís*
*4 rebanadas de pan de 6 cereales*
*Harissa u otra salsa picante*
*Grasa de pato*

**El vino**
Sírvase con un vino tinto con crianza de D.O. Ycoden-Daute-Isora, de la variedad bastardo negro, o con un tinto moderno con crianza de D.O. Bierzo, de la variedad mencía.

Se sancocha la batata y se escurre el agua sobrante. Se tritura y se añaden 125 gramos de azúcar por cada kilo de tubérculo y una copita de anís. Se reserva. La que no se utilice se puede congelar para usar en otra ocasión, también como ingrediente de un postre.

Se confita el cerdo en suficiente grasa de pato, sin superar los 80° de temperatura. Se desmenuza de forma un poco más grosera que si se tratara de *rillettes*.

**Presentación:** Sobre una rebanada de pan previamente calentada se extiende de forma generosa la crema de batata. Se incorpora encima el cerdo y se sala. A un lado se dispone un poco de *harissa* para que el comensal pueda añadirla al gusto según la cantidad de picante que desee.

### Jesús Pelegrín

# Pollo con arroz negro

**Ingredientes para 4 personas**
*1 pollo de Bresse o de granja que no supere 1,5 kg*
*Caldo de verduras*
*8 rodajas de salchicha picante tipo Napoli*
*100 g de arroz negro coreano*
*Sal*
*Pimienta de Sichuán*
*Flor de sal*
*Cilantro fresco*
*Aceite de maní tostado*

### El vino

Servir con un vino tinto con crianza de la D.O. Tacoronte-Acentejo, elaborado con las variedades listán negro, negramoll y listán blanco, o con un tinto con crianza de D.O. Penedès, de la variedad pinot noir.

Mientras se hace el caldo se vacía el pollo y se salpimenta. Se pone en remojo el arroz durante media hora (es imprescindible proceder así con este tipo de arroz).

Cuando se considere que el caldo está en su punto, se introduce el pollo y se deja escalfar a fuego muy suave durante una media hora, en función del grado de cocción que se desee. Llegado el momento, se apaga el fuego, se añade al caldo un manojo de cilantro y se tapa el recipiente durante otros 30 minutos.

Entre tanto, se sancocha el arroz en agua con sal, una rama de cilantro y un chorro de aceite de maní por espacio de 13 o 15 minutos, en función de cómo guste el grano. Transcurrido ese tiempo se cuela y se reserva, y se cubre con un paño con el fin de mantenerlo caliente. Aparte se sancochan las salchichas.

**Presentación:** Se desprenden los muslos y las pechugas del pollo; el resto del ave se utiliza en otra preparación. Se coloca en la base de cada plato una cama de arroz y encima se reparten el pollo y las rodajas de salchicha brevemente sancochadas. Se rocía la carne con un poco de aceite, se sala con la flor de sal y se muele por encima un poco de pimienta de Sichuán.

## Jesús Pelegrín | Muslos de conejo al comino

**Ingredientes para 4 personas**
*8 muslos de conejo*
*1 taza de aceite de oliva*
*4 dientes de ajo*
*Verduras variadas*
*Comino en polvo y en grano*
*Sal gris*

### El vino

Acompañar de un vino tinto con crianza, de las nuevas elaboraciones que se están realizando con la variedad baboso negro, en la D.O. El Hierro, o de un tinto con crianza de D.O. Ycoden-Daute-Isora, de la variedad tintilla.

Se maceran los muslos durante una noche con aceite, un par de dientes de ajo y comino en polvo. Al cabo de ese tiempo se envasan al vacío con su aceite y un diente de ajo y se sancochan en un baño María durante 3 horas a 70°.

Entre tanto en una sartén se calientan en seco unos granos de comino, se añade muy poco aceite y cuando éste haya tomado un poco de calor se añaden las verduras que previamente se han limpiado, pelado e incluso torneado, si es el caso.

**Presentación:** Se disponen en el plato las verduras y junto a ellas los muslos de conejo. Se riegan con un poco del jugo que han desprendido las verduras y se sala el conjunto al gusto.

## Copa de chocolate blanco y negro con aguardiente de caña Arehucas

Jesús Pelegrín

### Ingredientes para 1 persona
45 g de chocolate blanco
45 g de chocolate negro (75% de cacao)
2 cl de aguardiente de caña o ron jamaicano, de Barbados o haitiano, o whisky Islay

### El vino
Servir con una copita de vino de licor, de la variedad malvasía, con D.O. La Palma, o con una copa de ron de caña canario.

Se derriten por separado los dos chocolates.

**Presentación:** Se vierte el aguardiente en una copa tipo flauta y se incorporan, una vez derretidos, los dos chocolates.

# La despensa

### Chorizo de Teror
Embutido semejante a la sobrasada con dos variedades, blanco o rojo, y que se emplea generalmente para untar.

### Gofio
Elaborado a partir de trigo o maíz molido, es una harina tostada muy nutritiva que ya utilizaban los guanches, pobladores originarios de las islas. El gofio se puede amasar con agua, caldo, miel, aceite u otros ingredientes en función de las preferencias de cada cual y se toma con platos tanto dulces como salados.

### Mojo
Es una salsa que acompaña diversos platos canarios y que probablemente introdujeron los viajantes e inmigrantes portugueses en estas islas.
Básicamente se distinguen dos clases de mojo: el picón y el verde. El mojo picón, también llamado mojo rojo o mojo bravo, es una salsa picante elaborada principalmente con aceite, vinagre y pimienta roja o picona, que le otorga su color rojo característico. Se utiliza como acompañante de las *papas*. El mojo verde, de sabor más suave, se elabora con los mismos ingredientes excepto la pimienta picona, que se sustituye por cilantro o perejil. También se le añade algún grano de comino, ajo y pimiento verde. De color verde, como indica su nombre, su consistencia es menos homogénea que la del mojo picón.
El mojo acompaña normalmente a las *papas* y al pescado.

Tiene una textura muy mantecosa y un aroma agradable y ligeramente ahumado.

### Queso flor de Guía

Se produce en los altos de Guía y Gáldar, en el noroeste de la isla de Gran Canaria. Tiene forma cilíndrica y aplanada, y su corteza es de color amarillo-blanquecino. De tamaño medio, su peso supera los dos kilos. Para su fabricación, totalmente artesanal, se utiliza cuajo vegetal, lo que lo diferencia del resto de los quesos canarios, en los que se emplea cuajo de cabrito lechal y leches de oveja o cabra. Su textura es blanda y elástica, y tiene un suave y característico sabor con tonos amargos y dulzones.

### Queso majorero

Las peculiares características climáticas de la isla de Fuerteventura han permitido el desarrollo de una raza caprina autóctona, la cabra majorera, con cuya leche se elabora este queso de sabor suave, algo picante cuando está curado. De textura cremosa, conserva el sutil aroma de la mejorana, una planta medicinal que sirve de pasto a las cabras. Su forma es cilíndrica y la corteza tiene el característico dibujo de hojas de palma trenzadas con las que se elaboraba tradicionalmente el molde. El color de la corteza suele ser blanco, aunque los quesos que se van a conservar más tiempo se untan con aceite, pimentón o gofio y adquieren un tono más amarronado. Dependiendo del tiempo de maduración puede ser tierno, semicurado o curado.

### Vieja

Pescado autóctono de las islas y símbolo por excelencia del pescado canario. Tiene un exquisito sabor y una carne delicada y rica que se consume guisada o frita. Autores clásicos, entre ellos Horacio y Ovidio, le atribuyeron ciertas características como que no podía pescarse por la noche o que ayudaba a otros peces a escaparse de las redes y anzuelos. También se le denomina "loro" en ciertas zonas.

### Queso de La Palma o queso palmero

Elaborado en la isla de La Palma, de ahí que también se le denomine palmero, es un queso de pasta prensada que se elabora con leche cruda de cabra sin pasteurizar (en ocasiones mezclada con leche de oveja) de la raza autóctona palmera. Su forma es cilíndrica y las piezas pueden llegar a alcanzar hasta los 15 kilos de peso, aunque también es posible encontrar piezas más pequeñas, de unos 2 kilos aproximadamente.

### Aguacate

Otro de los productos traídos de las Américas, aunque entonces se utilizó como planta ornamental. Actualmente es un fruto muy apreciada por sus propiedades nutritivas. Tiene forma de pera, con la corteza gruesa y dura, y su pulpa es de consistencia mantecosa y de gran riqueza vitamínica.

### Bienmesabe

Jarabe cuyo origen data de los tiempos de la conquista de las islas Canarias, de color y aspecto muy parecidos a la miel, y de consistencia muy densa. En su composición se utilizan como ingredientes almendras, azúcar, yema de huevo, limón y canela principalmente. Se incluye en todo tipo de postres, especialmente en forma de flanes.

### Ñame

El fruto de esta planta es un tubérculo similar a la patata. Es un producto escaso, y se suele consumir hervido, asado o en puré. Es de origen norteafricano y muy apreciado tradicionalmente por su sabor. Los ñames son ricos en hidratos de carbono, pero también contienen proteínas y una cantidad apreciable de vitamina C.
La mayor extensión dedicada al cultivo del ñame se encuentra en la isla de La Palma, en los términos municipales de San Andrés, Sauces y Barlovento.

### Papas

Originaria del Perú, la *papa* llegó a Canarias de manos de los españoles en el siglo XVI y desde allí se extendió por todo el continente europeo. Se trata de una patata de pequeño tamaño, entre los dos y cinco centímetros, con una piel muy fina. Están presentes en casi todos los platos de la cocina canaria y se acompañan con mojo, aunque la preparación más común en las islas son las "papas arrugás". Su carne, amarilla o rosada, es firme pero al mismo tiempo suave, y posee un sabor extraordinario, dulce e intenso.

### Plátano de Canarias

Procedente de Asia, el cultivo del plátano se extendió durante los siglos XV y XVI. El fruto procede de la planta denominada platanera, de gran porte, que da un racimo de frutos que oscila entre los 15 y los 50 kilos. Una vez maduro, posee forma alargada y ligeramente curva. La piel es de color amarillo dorado con pequeñas manchas marrones. Se diferencia de otras variedades por su delicioso sabor dulce.

### Tomate

También los tomates llegaron con los conquistadores. En las islas existen muchas variedades distintas y constituyen uno de los cultivos más extendidos en Gran Canaria y también uno de los más apreciados por su calidad. Tiene un tamaño pequeño, entre los cuatro y los cinco centímetros, y un sabor dulce y muy jugoso.

# Los vinos

La diversidad de suelos, microclimas, variedades de uvas y sistemas de cultivo que existen en Canarias ha propiciado que el archipiélago reúna hasta once denominaciones de origen.

La variedad es la principal característica de los caldos canarios, que luchan por recuperar el prestigio que lograron en todo el mundo entre los siglos XVI y XVIII. Actualmente, la modernización de los cultivos ha logrado revitalizar el sector vinícola, aunque la mayor parte de la producción sigue destinándose al mercado interior. Entre sus vinos más conocidos destacan el malvasía dulce o el tinto de Taroconte.

## Puerto vinícola

Las Islas Canarias jugaron un papel fundamental en el inicio del comercio mundial de vinos. Su estratégica ubicación, como puerto de paso de conquistadores y colonos, permitió desarrollar entre los siglos XIV-XV una rica actividad vinícola. La variada procedencia de los primeros colonizadores de las islas se tradujo en la introducción de numerosas cepas y una sana rivalidad por elaborar los caldos de mejor calidad. El vencedor de esta particular lucha fue el vino dulce de malvasía, que a partir del siglo XVI logró fama universal gracias a los navíos comerciales y los piratas, que lo llevaron a distintos continentes. Durante los siguientes tres siglos, la explotación de los viñedos fue el principal motor económico del archipiélago, que comerciaba con Inglaterra y las colonias portuguesas y españolas. Diversas restricciones comerciales y la competencia de otras zonas provocaron a inicios del siglo XVIII el inicio de la decadencia, confirmada por las plagas sufridas después. El sector vinícola canario siguió en crisis hasta finales de la década de 1980, cuando las autoridades locales apoyaron la modernización de los cultivos y sistemas de producción. En la actualidad, los viñedos ocupan el 10% del suelo agrícola útil de la comunidad autónoma, con notable presencia en todas las islas, con la única excepción de Fuerteventura.

## Variedades puras y suelos volcánicos

El cultivo de la vid en la comunidad canaria está marcado por la particular orografía de las islas y su origen volcánico, que obliga a desarrollar sistemas de cultivo propios. El más insólito es el utilizado en la D.O. Lanzarote, donde los agricultores entierran las vides en hoyos formados con arena para protegerlas de los vientos y conservar la humedad. Pese a que todas las islas son de origen volcánico, su formación en distintas épocas provoca que cada una posea unas características propias. Como elemento común, puede destacarse que los terrenos son ligeros, permeables y ricos en nutrientes minerales.

Otro elemento característico de los viñedos canarios es la presencia de variedades de uva no afectadas por la plaga de la filoxera, que asoló el continente europeo a finales del siglo XIX y obligó a los viticultores a implantar cepas americanas. La pureza de las vides canarias contribuye a la longevidad de las cepas y a la calidad final del fruto. Además, el particular aislamiento del archipiélago también favorece la gran riqueza varietal, con cerca de 100 variedades catalogadas. Entre las uvas blancas destacan el listán blanco, malvasía, vijariego, moscatel o albillo; y entre las tintas, listán negro, tintilla, malvasía rosada o mulata.

También destaca la presencia de numerosos cultivos en zonas de elevada altitud y grandes pendientes, lo que obliga a realizar la vendimia de forma manual. Por ejemplo, en la isla de Tenerife pueden encontrarse viñedos en alturas superiores a los 1.500 metros, situados entre los más altos de Europa. Junto a la belleza estética de las plantaciones en las laderas de las montañas, la presencia de viñedos también contribuye a evitar la erosión y desertización de estas zonas.

## Denominaciones de Origen

Con el objetivo de regular la producción y aumentar la calidad del vino, en 1992 se aprobó el reglamento de la D.O. Tacoronte-Acentejo (Tenerife), la primera de la comunidad canaria. Desde entonces todas las islas cuentan con su propia D.O.

### Tenerife

**D.O. Tacoronte-Acentejo:** famosa por sus vinos tintos, que representan el 80% de la producción. Las variedades más habituales son las autóctonas listán negro y negramoll. Esta D.O. es pionera en la elaboración de vinos de crianza y reserva en Canarias.

**D.O. Abona:** abarca una superficie de más de 1.500 hectáreas, en la zona central y sur de la isla. El 80% del cultivo está dominado por cepas blancas, entre las que destaca el listán blanco.

**D.O. Valle de Güimar:** comarca vitivinícola situada en el sureste de la isla, con más de 1.500 hectáreas de viñedos. También predominan las variedades blancas, con más del 60% del cultivo.

**D.O. Valle de la Orotava:** desde el pie del Teide hasta el mar, los suelos de este valle acogieron las principales plantaciones de malvasía entre los siglos XVII y XVIII. En la actualidad, las variedades listán negro y listán blanco se reparten las cerca de 1.000 hectáreas cultivadas con el sistema de cordón (parras situadas a unos 60 centímetros del suelo y que pueden superar los ocho metros de longitud).

**D.O. Ycoden-Daute-Isora:** unas 2.000 hectáreas de viñedos, situados en la amplia comarca del noroeste de Tenerife, donde en el siglo XVI se inició el cultivo de la vid en la isla. En esta D.O. predominan las parcelas pequeñas y escarpadas, donde se cultivan las variedades listán blanco, listán negro y negramoll.

### Gran Canaria

**D.O. Gran Canaria:** se extiende por cerca del 99% de la isla, con la excepción de la comarca de Monte Lentiscal. Es una D.O. con muchos vinos tintos y blancos.

**D.O. Monte Lentiscal:** ubicada en el paisaje protegido de Tafira, donde se han delimitado zonas para el cultivo de la vid. Destacan los vinos jóvenes tintos y blancos secos.

### Lanzarote

**D.O. Lanzarote:** cultivo muy complicado por la presencia de lava. Tiene producciones escasas pero de elevada calidad, con el malvasía como producto más preciado.

### Hierro

**D.O. El Hierro:** unas 500 hectáreas de viñedo, donde predominan las variedades vijariego o verijadiego blanca y bermejuelo. El 100% de su producción se consume entre la misma isla y Gran Canaria.

### Gomera

**D.O. Vinos de La Gomera:** comarca de abrupta orografía, donde los viñedos están situados en fuertes pendientes. La variedad más representativa es la forastera blanca, de gran intensidad aromática.

### La Palma

**D.O. La Palma:** más de 950 hectáreas en las que predominan las variedades: malvasía, que permite elaborar vinos dulces naturales, albillo, de gran potencial floral y listán blanco, la más extendida.

# Nuestros restaurantes

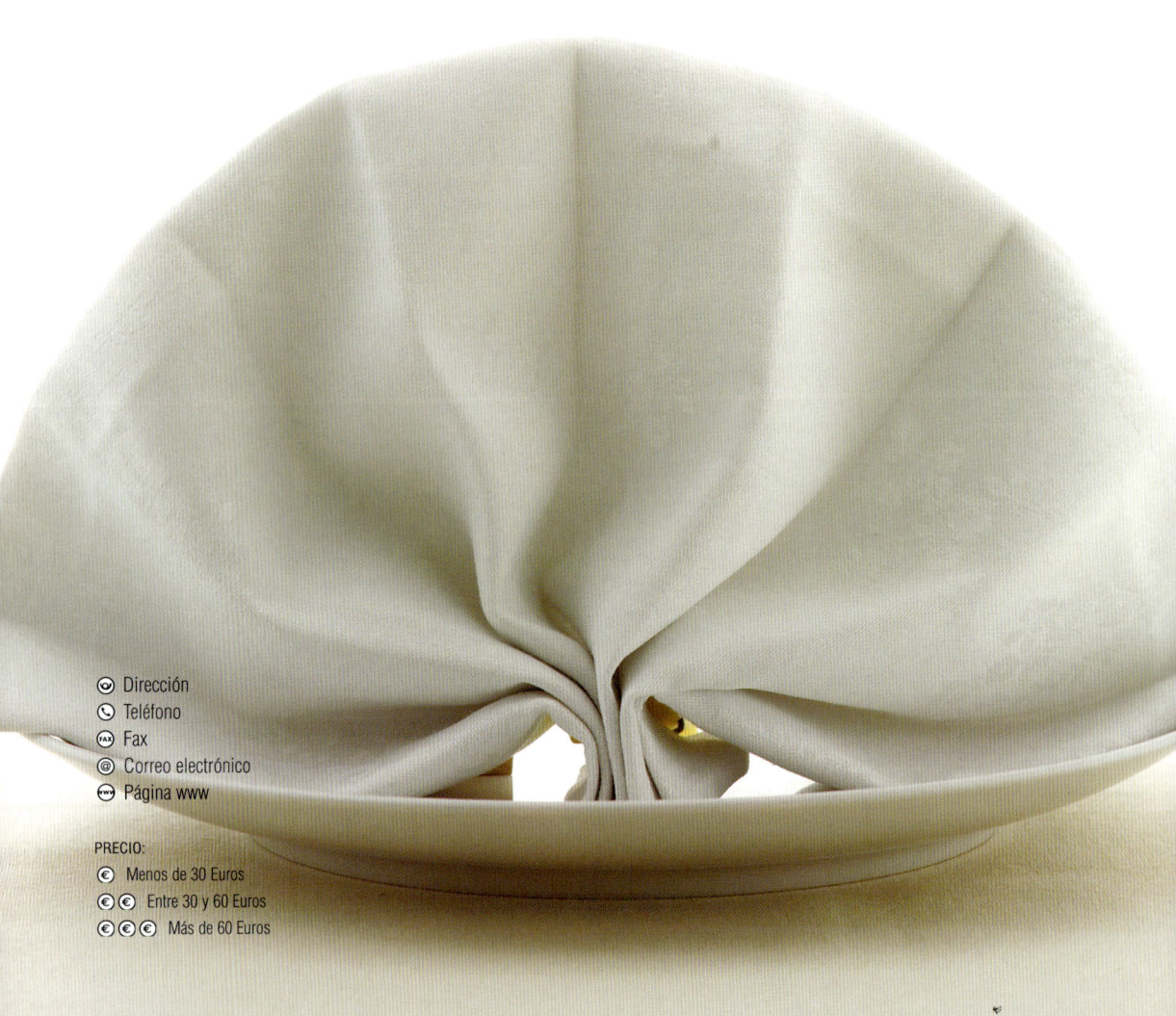

- ⊙ Dirección
- ☏ Teléfono
- (FAX) Fax
- @ Correo electrónico
- www Página www

PRECIO:
- € Menos de 30 Euros
- €€ Entre 30 y 60 Euros
- €€€ Más de 60 Euros

## LAS PALMAS
## FUERTEVENTURA

### LA CÚPULA
- Avda. Grandes Playas, s/n. 38660 Corralejo-La Oliva
- 928 53 61 51
- 928 53 61 52
- reservas@atlantishotels.com
- www.atlantisbahiareal.com

**PRECIO:** € €

Uno de los restaurantes del lujoso hotel Atlantis Bahía Real, en el que se pueden encontrar una selección de los mejores platos de la cocina creativa del famoso *chef* Carlos Gaig.

### DON ANTONIO
- Vega del Río Palma. 35637 Betancuria
- 928 878 757
- donantonio@fuerteventura.st

**PRECIO:** € €

Junto a la iglesia de la Virgen de la Peña y en una bella casa, se funden la cocina canaria creativa con la mejor materia prima local. Se aconseja la reserva previa.

## LAS PALMAS DE GRAN CANARIA

### AMAIUR
- Avda. Pérez Galdós, 2. 35002 Las Palmas de Gran Canaria
- 928 370 717
- 928 368 937

**PRECIO:** €

Ubicado en el barrio de Triana, en una antigua casa del siglo XIX situada en la zona histórica, excelente emplazamiento donde degustar una cocina especializada en pescados y carnes.

### ANTHURIUN

- Pi y Margall, 10. 35006 Las Palmas de Gran Canaria
- 928 244 908

**PRECIO:** €

Establecimiento muy acogedor dirigido por Francisco Casals y su esposa. Magnífica cocina con toques creativos basada en lo mejor del mercado y la tradición canaria. Excelentes y elaborados postres.

### BAMIRA
- Los Pinos, 11. 35100 Playa de San Agustín
- 928 767 666
- bamira@terra.es
- www.bamira.com

**PRECIO:** € €

Cerca de Maspalomas y en un ambiente distinguido, se puede paladear una soberbia cocina de autor en un ambiente de lo más selecto. Destacan sus buenas presentaciones y los alardes de creatividad que se aprecian en cada plato.

### CASA BRITO
- Pasaje Ter, 17. 35412 Viscique
- 928 622 323

**PRECIO:** €

Restaurante de ambiente familiar y cocina tradicional, especializada en carnes a la brasa. Buenos precios y un servicio acogedor.

### CASA MONTESDEOCA
- Montesdeoca, 10. 35001 Las Palmas de Gran Canaria
- 928 33 34 66
- casamontesdeoca@telefonica.net

**PRECIO:** € €

Casa conocida por su excelente cocina tradicional. Ubicado en una bella casa antigua, tiene un jardín con vegetación subtropical. También son famosos sus postres.

### CHO'ZACARÍAS
- Audiencia, 7. 35001 Las Palmas de Gran Canaria
- 928 331 374
- 928 430 200

**PRECIO:** €

En el corazón del barrio de Vegueta, David Santana triunfa con una buena cocina de mercado. Local bien decorado y acogedor con surtida bodega.

### EL CUCHARÓN

- Reloj, 2. 35003 Las Palmas de Gran Canaria
- 928 333 296

**PRECIO:** € €

La cocina tradicional canaria de José González, en esta antigua finca junto a la catedral, está triunfando cada día. La sencillez de las elaboraciones y la maestría de José destacan aún más la alta calidad de sus materias primas. El servicio es perfecto y la bodega ofrece una buena selección de vinos canarios.

### LA AQUARELA
- Aptos. Aguamarina, s/n. Barranco de la Vega. 35120 Mogán
- 928 735 891

**PRECIO:** € €

Cocina moderna bajo la dirección del experto Gregorio Fernández. Bella terraza que mira al mar. La bodega, con especial atención a los vinos canarios, es muy interesante.

### MADRÁS
- Buenos Aires, 8. 35002 Las Palmas de Gran Canaria
- 928 384 384

**PRECIO:** € €

Pequeño local con decoración minimalista frente a la ermita barroca de San Telmo. José Rojano elabora cocina creativa de fusión y ofrece un buen menú degustación con toques exóticos. El servicio de vinos es muy cuidado.

### MAMMA TINA

- Jesús Ferrer Jimeno, 10. 35010 Las Palmas de Gran Canaria
- 928 274 691

**PRECIO:** € €

Cocina de mercado en este rincón familiar. La creatividad de los platos de Jesús Pelegrín atrae y convence. Va a dar mucho que hablar. Buenos postres y selección de vinos.

### MANO DE HIERRO
- Vuelta del Pino, 25. 35300 Santa Brígida
- 928 640 388
- 928 648 115
- manodehierro@worldline.es

**PRECIO:** €

Amplio y diáfano restaurante donde degustar una rica cocina internacional y algunos platos canarios muy bien seleccionados. Destacan sus excelentes embutidos, algunos elaborados por ellos mismos. Destacan sus precios, que son muy interesantes y buena selección de cervezas alemanas.

### NELSON
- Avda. Polizón, 47. 35118 Agüimes (Playa de Arinaga)
- 928 180 860
- nelmen@infonegocio.com

**PRECIO:** € €

Cocina del mar, frente a la playa, con excelente materia prima y elaboraciones impecables. Mariscos, pescados y arroces son sus especialidades. Buena bodega y postres caseros de los que quedan grabados en la memoria.

### TENDERETE II
- Avda. Tirajana, 5. 35100 Playa del Inglés
- 928 761 460
- 928 761 883

**PRECIO:** €

Cocina típica de la isla en un sencillo local muy acreditado. Sus honestas creaciones convencen. Entre ellas el potaje de berros y el cabrito al estilo canario. Postres caseros y *papas arrugás*.

## LANZAROTE

### LA ERA
- El Barranco, 3. 35570 Yaiza
- 928 830 016
- info@la-era.com
- www.la-era.com

**PRECIO:** € €

Cocina tradicional canaria, con algunos toques creativos a cargo del *chef* Antonio Hernández con excelentes concesiones a las últimas vanguardias culinarias. Todo ello presentado en un caserío reformado del siglo XVII. Su carta se renueva regularmente.

### COLÓN
- Cactus, s/n. (Ciudad Jardín). 35500 Arrecife
- 928 805 649
- elcable3@hotmail.com

**PRECIO:** € €

En la Playa del Cable ofrece buena cocina canaria moderna elaborada con las mejores materia primas. Tiene buen servicio, bodega y postres recomendables.

## SANTA CRUZ DE TENERIFE
## ISLA DE HIERRO

### MIRADOR DE LA PEÑA
- General de Guarazoca, 40. 38900 Guarazoca
- 922 550 300
- 922 551 316

**PRECIO:** €

Local situado sobre una gran roca enfrente del mar, es obra del polifacético y genial arquitecto César Manrique. Su cocina canaria ofrece las mejores recetas populares de la isla.

### LA HIGUERA DE LA ABUELA
- Tajiniscoba, s/n. 38900 Echedo
- 922 551 026

**PRECIO:** €

Acogedor local con jardín y patio que ofrece cocina canaria casera y buenos vinos de la zona. Postres caseros.

## ISLA DE LA GOMERA

### MARQUÉS DE ORISTANO
- Del Medio, 24. 38800 San Sebastián de la Gomera (Isla de la Gomera)
- 922 141 541

**PRECIO:** €

Las recetas más típicas de La Gomera en un antiguo caserón del siglo XVII, con decoración moderna y buena cocina.

### MESÓN DE CLEMENTE
- Cruces, 6. 38812 Alajeró
- 922 895 721

**PRECIO:** €

Clemente triunfa en su mesón familiar gracias a una cocina tradicional de excelente materia prima. Buena bodega.

## ISLA DE LA PALMA

### CHIPI-CHIPI
- Juan Mayor, 42. 38713 Santa Cruz de La Palma
- 922 411 024
- 922 416 655

**PRECIO:** €

Uno de los mejores restaurantes de la isla con un bonito patio canario y ambiente familiar. Especialidades palmeras elaboradas con maestría.

### LA PALMA ROMÁNTICA
- Ctra. General, s/n. 38726 Barlovento
- 922 186 436
- reserva@hotellapalma romantica.com

**PRECIO:** €

Situado al norte de la isla de La Palma, en un hotel de montaña y cerca del mar, este bonito restaurante propone una buena cocina palmera con productos de la zona. Excelentes postres.

### SALTA SI PUEDES
- Avda. Tanausú, 29. 38760 Los Llanos de Aridane
- 922 463 879
- 922 462 774

**PRECIO:** €

Bonito y peculiar local donde degustar una fantástica cocina canaria elaborada con las mejores materias primas de la isla. Sus platos estrella son los potajes y el cabrito asado. Destacamos sus postres y la buena relación calidad-precio.

## ISLA DE TENERIFE

### BODEGA EL JABLE
- Betejüi, 9. 38611 San Isidro
- 922 390 698
- 922 177 444

**PRECIO:** €

Gastronomía tinerfeña con excelente producto de la tierra, y lo mejor de lo clásico, como afirma su propietario Matías Suárez. La decoración en madera y la simpatía del servicio hacen de este sencillo local familiar un sitio muy acogedor.

**CASA PANCHO**
- Playa de La Arena, s/n. 38683 Puerto Santiago
- 922 861 323
- 922 861 474

PRECIO: € €

Recetas canarias clásicas sin olvidar las nuevas tendencias culinarias, en un local de playa que dispone de una magnífica terraza en primera línea donde además se degustan unos platos de la cocina española muy bien seleccionados.

**EL ARCHETE**
- Lomo de Aroba, 2. 38530 Candelaria
- 922 500 354

PRECIO: €

Antiguo local con una buena cocina tinerfeña, con pinceladas modernas en sus bajos y clásica en el primer piso. Su propietario, Ángel Rodríguez, cuida magistralmente a su numerosa y exigente clientela.

**EL BACALAO DE LA CAZUELA**
- General Goded, 11. 38006 Santa Cruz de Tenerife
- 922 293 189
- lacazuela@tenerife-abc.com
- www.tenerife-abc.com/lacazuela

PRECIO: €

En el Barrio de Salamanca este magnífico restaurante ofrece una soberbia cocina de hoy y de siempre. Destacan sus excelentes pescados, así como su amplia carta de vinos. El ambiente es muy acogedor y además dispone de algunos reservados para grupos.

**BOCOY**
- Alcalde Walter Paetzmann, s/n. 38660 Playa del Duque (Costa Adeje)
- 922 746 400
- www.dreamplacehotels.com

PRECIO: € €

Elegante y acogedor restaurante frente al mar con amplios salones y ventanales. Una buena selección de platos canarios elaborados con la creatividad de David Moraga. Situado en los bajos del hotel Gran Tacande.

**EL COTO DE ANTONIO**
- General Goded, 13. 38006 Santa Cruz de Tenerife
- 922 272 105
- 922 151 037

PRECIO: € €

Fantástica cocina de mercado de la mano de Antonio García Hernández y buen servicio dirigido por Carlos Padrón. Tiene gran éxito debido a sus recetas tradicionales y a la excelente materia prima con que están elaboradas.

**EL DUENDE**
- La Higuerita, 41. 38400 Puerto de la Cruz
- 922 374 517

PRECIO: € €

El *chef* Jesús González elabora la mejor cocina moderna en este rústico y acogedor local. Propuestas canarias con acertadísimos toques de creatividad y repostería genial a cargo de Pedro Rodríguez. El servicio es impecable.

**EL PATIO**
- Gran Bretaña, s/n. 38670 Adeje
- 922 746 000
- www.jardin-tropical.com

PRECIO: € € €

Restaurante de lujo situado en el bello hotel Jardín Tropical. Su cocina de autor ofrece un interesante menú degustación.

**EL RINCÓN DE GONZALO**
- San Roque, s/n. 38650 Los Cristianos
- 922 792 702

PRECIO: € €

Cocina de autor con el personal estilo de Gonzalo Tamames, mejor cocinero de Tenerife 2002. El local está decorado por Blanca Tamames y es muy acogedor.

**LA CASA DEL LAGO**
- Avda. Alcalde Walter Paetzmann, s/n. 38660 Costa Adeje
- 922 746 200
- www.bahia-duque.com

PRECIO: € €

En el hotel Bahía del Duque, este elegante y típico local frente al mar ofrece una cocina isleña al mismo nivel que las 5 estrellas del hotel donde se enmarca.

**LA CASA DEL VINO**
- Autopista Gral. del Norte, km 21. La Baranda-El Sauzal
- 922 563 886
- casa-vino@cabtfe.es

PRECIO: €

Gran casona tradicional canaria donde disfrutar de su buena cocina tinerfeña y conocer los vinos de la isla, en un lugar privilegiado con vistas al mar.

**LA POSADA**
- Méndez Núñez, 61. 38001 Santa Cruz de Tenerife
- 922 246 772
- la_posada@hotmail.com

PRECIO: €

Amplio restaurante, ideal para celebraciones y reuniones de empresa. Su cocina mezcla cocina canaria y asturiana, basada en lo mejor del mercado que selecciona su propietaria Isabel Rodríguez.

**LA SARTÉN DEL SUR**
- Avda. Las Américas, Centro Comercial América Plaza. 38660 Playa de las Américas (Arona)
- 922 750 559

PRECIO: €

Local de la factoría de Carlos Gamonal, del Mesón El Drago, ubicado en la Playa de las Américas, en una terraza frente al hotel Mediterranean Palace. Su cocina mezcla sobre todo recetas canarias populares y de brasería. Abre sólo previa reserva y para grupos de al menos diez personas.

**LAS AGUAS**
- La Destila, 20. 38420 Icod de los Vinos
- 922 360 428
- 922 350 491
- www.sanjuandelarambla.com

PRECIO: €

Antigua casa situada frente al mar en el pueblo de Las Aguas. Se pueden saborear los mejores mariscos y arroces de la isla a un precio excepcional.

## LOS CORALES

👁 Cuesta de la Villa, 130.
 38390 Santa Úrsula
📞 922 302 261
🌐 www.restloscorales.com
**PRECIO:** € €

Clásico restaurante, ahora completamente renovado con muy buen gusto. Maravillosas vistas al mar y a la montaña. Hay una entrada para tomar tapas y además ofrece una alta cocina tradicional y una completísima bodega.

## LOS LIMONEROS

👁 Ctra. del Norte, km 15,5.
 38340 Tacoronte
📞 922 636 637
📠 922 636 144
**PRECIO:** € €

Una bella hacienda campestre con acogedora decoración en madera, donde disfrutar de una cocina de autor con buenos aperitivos y cócteles, seguidos de los mejores mariscos. Buena bodega donde degustar vinos seleccionados con esmero.

## LOS MENCEYES

👁 Avda. Dr. José Naveiras, 38.
 38004 Santa Cruz de Tenerife
📞 922 609 900
📠 922 280 017
🌐 www.starwoodhotels.com/mencey
**PRECIO:** € €

Dentro de las instalaciones del hotel Mencey se encuentra este elegante restaurante rodeado de verde. En él su *chef*, Francisco Pagán, nos ofrece una buena cocina de autor a nivel internacional. Buena bodega y servicio.

## LOS OLIVOS

👁 Ctra. Gral. Tacoronte-Tejina, 59.
 38350 Tacoronte
📞 922 560 108
**PRECIO:** € €

Sencillo y acogedor restaurante con una sorprendente cocina creativa. Su propietario y *chef* Richard Etherington impregna de estilo y contrastes cada plato.

## LOS TRONCOS

👁 General Goded, 17. 38006 Santa Cruz de Tenerife
📞 922 284 152
**PRECIO:** €

En el local familiar de José Herrera se puede degustar una gran variedad de platos del recetario tinerfeño, entre los que destaca el conejo a la sal. Buena bodega y precio.

## MESÓN EL DRAGO

👁 Marqués de Celada, 2.
 38292 El Socorro, Tegueste
📞 922 543 001
🌐 www.mesoneldrago.com
**PRECIO:** € €

Carlos Gamonal mantiene este agradable establecimiento en la primera línea de la gastronomía nacional. Entre sus coloridos comedores, uno puede degustar creativas recetas de la cocina tinerfeña. Este año abre sólo para reservas de grupos de un mínimo de diez personas, a las que sorprende con un maravilloso menú.

## MI VACA Y YO

👁 Cruz Verde, 3.
 38400 Puerto de la Cruz
📞 922 38 52 47
**PRECIO:** €

Cocina autóctona especializada en pescados, arroces y conejo. Tiene mucho éxito y está situado en un local informal, muy animado y bien decorado con muchas plantas.

## RÉGULO

👁 Pérez Zamora, 16.
 38004 Puerto de la Cruz
📞 922 384 506
**PRECIO:** €

Maravilloso y acogedor local del centro de Puerto de la Cruz, junto a la Plaza del Charco, donde se elabora cocina de autor a un buen precio para su alta calidad. Buena bodega y entorno de alto valor arquitectónico.

# Glosario

**Aceite de maní**
Aceite elaborado con la pulpa del maní o cacahuete.

**Agar-agar**
Tipo de alga mezcla de ocho variedades de algas marinas. Se usa como gelatina natural o espesante, sobre todo en la cocina de autor.

**Agriote**
Pescado blanco autóctono de las Islas Canarias, muy parecido a la merluza.

**Aguardiente de caña de Arehucas**
Aguardiente elaborado con azúcar de caña en dicha destilería, que fue fundada en 1884.

**Asustar**
Añadir una pequeña cantidad de un líquido frío o hielo a una preparación en ebullición para que deje de hervir momentáneamente.

**Azúcar invertido**
Se obtiene al dividir la sacarosa en sus dos partes: glucosa y fructosa. Ayuda a mantener el sabor dulce de las conservas y de los productos horneados.

**Baño María**
Método de cocción que consiste en poner un alimento en un recipiente metido en el interior de otro recipiente más grande lleno de agua, de forma que el primero no esté en contacto directo con el fuego.

**Batata**
Tubérculo de color pardo por fuera y amarillento o blanco por dentro, de unos doce centímetros de largo, cinco de diámetro y forma fusiforme.

**Beterrada**
Remolacha en Canarias.

**Blanquear**
Proceso mediante el cual se introducen frutas u hortalizas en agua hirviendo para después sumergirlas en agua helada, así se desprenden sus pieles.

**Brazuelo de cordero**
Parte de las patas delanteras de un cordero, entre el codo y la rodilla.

**Brótola**
Pez de hasta un metro de longitud, color gris o pardo y dos aletas dorsales. Su carne se caracteriza por ser muy frágil, pero deliciosa.

**Cebollino**
Planta muy parecida a la cebolla, con el tallo cilíndrico, de unos 40 cm de altura y flores lilas. Sus bulbos son pequeños y de sabor dulce, y sus hojas son muy jugosas y se usan también para ensalada.

**Cherne**
Pescado muy similar al mero y muy apreciado en las Islas Canarias.

**Citronela**
Planta con un olor parecido al del limón, cuyas hojas, tallos y flores se usan con fines medicinales y culinarios.

**Confit**
Preparación de una pieza de carne cocinada por largo tiempo en su propia grasa y conservada luego en un envase herméticamente cerrado, inmersa y completamente cubierta por esa misma grasa que le evita contacto con el aire.

**Crostini**
En italiano, pan tostado cubierto de alguna salsa o aliño.

**Desglasar**
Diluir.

**Diente de león**
Flor silvestre muy apreciada por sus cualidades terapéuticas y gastronómicas.

**Émincée**
Cortada en lonchas, de *éminces,* en francés.

**Espelta, escanda**
Variedad de trigo, propia de países fríos y terrenos pobres, de paja dura y corta, que se caracteriza por tener un sabor muy intenso.

**Fondo de ave**
Caldo de ave y verduras.

**Gofio**
Harina tostada muy nutritiva que ya utilizaban los guanches, pobladores originarios de las islas. Puede elaborarse con diversos cereales como trigo, cebada o maíz.

**Guayabo**
Tipo de fruta.

**Harissa**
Salsa picante típica del Norte de África a base de guindillas, ajos, aceite, cilantro y comino.

**Hierbahuerto**
Hierbabuena. Herbácea que llega a medir hasta 60 cm de altura y tiene el tallo cuadrado. Sus hojas son muy aromáticas al estrujarse y tienen forma alargada. Las flores nacen de espigas en el extremo más alto y van del color blanco al púrpura.

**Majada**
Se llama así a todos los ingredientes que se machacan o se desmenuzan en un mortero hasta reducirlos al mínimo, para luego añadirlos a un guiso.

**Majorero**
De Fuerteventura.

**Manga**
Árbol de los países intertropicales, variedad del mango.

**Microplane**
Rallador de superficie ancha y elaborado con acero, muy utilizado en la cocina profesional. Hace un corte muy fino y puede rallar cualquier ingrediente de una forma sencilla.

**Millo**
Maíz. Del portugués milho.

**Mojarra**
Pez teleósteo de cuerpo ovalado y color oscuro, con cabeza ancha y ojos grandes. Se pesca en las costas de España y su carne es muy sabrosa.

**Mojo**
Salsa típica de las Islas Canarias. Existen de varios tipos, según sus ingredientes, por ejemplo de cilantro. Este término también se aplica, por extensión, a cualquier salsa que acompañe un guiso.

**Morcillo**
Parte alta y carnosa de las patas de los bovinos.

**Papas**
Patatas.

**Pasta brick**
Pasta quebrada muy parecida a la filo pero de origen magrebí y más utilizada en nuestra cocina. Se trata de una lámina fina, muy hojaldrada y crujiente, que se rellena de huevo o hierbas.

**Pella**
Masa que se une y aprieta, regularmente en forma redonda.

**Pez tostón/castañola**
Pez grande de color de acero, con el hocico romo y carne blanca y frágil, que abunda en el Mediterráneo.

**Pimienta de Sichuán**
Árbol oriundo de China, bastante común en la región de Sichuán. Tiene un sabor picante aromático y se usa en la cocina oriental.

**Pimienta quemona/picona**
Guindilla o ají picante.

**Pitanga**
Fruta de color rojo y sabor dulce-amargo. Es muy rica en vitaminas A y B, y en calcio y hierro.

**Pochar**
Rehogar suavemente.

**Quenelle**
Presentación ovalada de un helado, un sorbete o una crema que se realiza con la ayuda de una cuchara.

**Pollo de Bresse**
Ave de raza bressana, caracterizada por tener cresta roja bien desarrollada, plumaje blanco y patas azules. Su crianza y alimentación está rigurosamente reglamentada.

**Rillettes**
Chicharrones en francés.

**Ron miel**
Licor típico de las Islas Canarias.

**Sabayón**
Salsa densa para gratinar.

**Sal Maldon**
Variedad de sal inglesa que se caracteriza por su forma en escamas.

**Sama**
Pez común en los mares españoles, de unos dos decímetros de largo, con cabeza y ojos grandes. Su color es rojizo en el lomo, plateado en el vientre y con las aletas y la cola encarnadas. Su carne es blanca y sabrosa. También se denomina pagel.

**Sancochar**
Cocer la comida, dejándola medio cruda y sin sazonar.

**Sancocho**
Guiso de pescado.

**Sifón isi**
Aparato utilizado en la cocina de autor que permite elaborar natas y espumas de diferentes gustos y texturas mediante cargas de $N_2O$ comprimido.

**Silpat**
Papel sulfurizado hecho de fibra de vidrio y silicona, utilizado sobre todo en pastelería. Recubre cualquier cacerola dando una superficie lisa y suave, evitando que se peguen los alimentos, sin necesidad de usar mantequilla o aceite.

**Sofrito**
La técnica del sofrito es una de las más antiguas. Los ingredientes básicos suelen ser comunes: la cebolla, el tomate, el ajo y el pimiento. El tomate y la cebolla deben rehogarse hasta que se evapora el agua que desprende el tomate. Se recomienda cocinarlo muy lentamente.

**Sudar**
Poner alimentos al fuego en un recipiente cerrado para extraerles su jugo y que éste conserve todo su valor nutritivo.

**Tajinaste**
Planta de Canarias que crece al pie de las laderas.

**Tollos**
Preparación de pescado en salazón elaborada generalmente con cazón.

**Vieja**
Pescado típico de Canarias de carne delicada y sabrosa.

# Índice de recetas

**A**
Arroz con miel ........................................... 126
Asadura al ajillo pastor ..................................... 62
Atún encebollado .......................................... 72

**B**
Bacalao con "golosinas", col de puchero, salsa de setas
    al ajo y limón, y guarnición de gofio 2005 ...................... 144
Bacalao con *papas* ........................................ 60
Barquillo de gofio relleno de *mousse* de majorero con salteado
    de frutas rojas a la pimienta y helado de coco .................. 138
Bienmesabe ............................................. 114
Brótola con pan frito ........................................ 92
Buñuelos de plátano ....................................... 110

**C**
Caballa con fideos ......................................... 98
Calabacines rellenos ....................................... 24
Caldo de leche ............................................ 52
Caldo de pescado a la manera de Gran Canaria .................. 44
Caldo guanche ............................................ 26
Canutillo de ron con miel ................................... 148
Carne de cabra en salsa ................................... 102
Chipirones corteses ........................................ 54
Chocos con cilantro ........................................ 50
Churros de pescado ........................................ 56
Conejo en pepitoria ........................................ 64
Conejo en salmorejo ....................................... 76

Copa de chocolate blanco y negro con aguardiente
   de caña Arehucas . . . . . . . . . . . . . . . . . . . . . . . . . . . . . . . . . . . . . 170
Copita de crema de bienmesabe con granizado
   de leche merengada . . . . . . . . . . . . . . . . . . . . . . . . . . . . . . . . . . 136
Crema de papaya . . . . . . . . . . . . . . . . . . . . . . . . . . . . . . . . . . . . . . 118
*Crostini* de cerdo con batata . . . . . . . . . . . . . . . . . . . . . . . . . . . . . 164

**D**
Dorada con mojo de cilantro . . . . . . . . . . . . . . . . . . . . . . . . . . . . . . . 88

**E**
Ensalada de queso de cabra con vinagreta de yogur . . . . . . . . . . . . . . 152
Escaldón de gofio . . . . . . . . . . . . . . . . . . . . . . . . . . . . . . . . . . . . . . 32

**F**
Fideos a lo pobre con pimientos y hierbas . . . . . . . . . . . . . . . . . . . . 100
Frangollo . . . . . . . . . . . . . . . . . . . . . . . . . . . . . . . . . . . . . . . . . . . 106
Frutas bañadas en miel de palma con granizado de malvasía . . . . . . . 150

**G**
Gallina a la cairatraca . . . . . . . . . . . . . . . . . . . . . . . . . . . . . . . . . . 66
Gericaya . . . . . . . . . . . . . . . . . . . . . . . . . . . . . . . . . . . . . . . . . . . 108
Guiso de cabrito . . . . . . . . . . . . . . . . . . . . . . . . . . . . . . . . . . . . . . 70

**H**
Huevas con mozzarella . . . . . . . . . . . . . . . . . . . . . . . . . . . . . . . . 162
Huevos moles . . . . . . . . . . . . . . . . . . . . . . . . . . . . . . . . . . . . . . 124

**J**
Jamón canario . . . . . . . . . . . . . . . . . . . . . . . . . . . . . . . . . . . . . . . 42

**L**
Leche asada . . . . . . . . . . . . . . . . . . . . . . . . . . . . . . . . . . . . . . . 122
Leche asada . . . . . . . . . . . . . . . . . . . . . . . . . . . . . . . . . . . . . . . 154

**M**
Marquesotes . . . . . . . . . . . . . . . . . . . . . . . . . . . . . . . . . . . . . . . 116
Milhojas de agriote con sabayón de marisco . . . . . . . . . . . . . . . . . . 156
Mojarra con mojo de cilantro . . . . . . . . . . . . . . . . . . . . . . . . . . . . . 68
Mojo cochino de Gran Canaria . . . . . . . . . . . . . . . . . . . . . . . . . . . . 84
Mojo picón . . . . . . . . . . . . . . . . . . . . . . . . . . . . . . . . . . . . . . . . . . 34
Mojo rojo . . . . . . . . . . . . . . . . . . . . . . . . . . . . . . . . . . . . . . . . . . . 38
Mojo verde . . . . . . . . . . . . . . . . . . . . . . . . . . . . . . . . . . . . . . . . . . 36
Moros y cristianos . . . . . . . . . . . . . . . . . . . . . . . . . . . . . . . . . . . . 46

*Mousse* de gofio .................................................. 160
Muslos de conejo al comino ....................................... 168

**P**

*Papas arrugás* ................................................... 40
Pez tostón al horno ............................................... 82
Pollo con arroz negro ............................................. 166
Pollo embarrado .................................................. 80
Potaje cremoso de berros al *foie-gras* de pato con sus condimentos
    crudos y crujientes ........................................... 130
Potaje de millo y verduras ......................................... 48
Puchero canario .................................................. 28
Puchero canario de cuatro vuelcos ................................. 94

**Q**

Quesadillas ..................................................... 120

**R**

Rancho .......................................................... 86
Ropa vieja ....................................................... 158
Ropa vieja de *confit* de pato con *papas* asadas y puré
    de garbanzos al jugo de rabo de buey ......................... 132

**S**

Salteado de *papas arrugás* con ensalada de canónigos,
    langostinos y crujiente de Jabugo ............................. 134
Sancocho canario ................................................ 74
Sopa de gofio ................................................... 30

**T**

Tollos en salazón ................................................ 96
Tortitas de plátano ............................................... 112

**V**

Vieiras con malas hierbas sobre salsa sólida de setas
    a la provenzal y crema de almendras .......................... 141
Viejas con *papas arrugás* ........................................ 78
Viejas hervidas .................................................. 90